해커스
김영훈
정부회계

해커스 경영아카데미

이 책의 저자

김영훈

학력
경희대학교 경영학부(경영학사)
경희대학교 대학원(경영학석사, 경영학박사)

경력
현 | 해커스 경영아카데미 교수
     이촌회계법인 근무
전 | 안건회계법인 근무
     한영회계법인 근무
     웅지세무대학교 부교수

자격증
한국공인회계사, 세무사

저서
해커스 김영훈 정부회계

머리말

정부회계란 정부조직이 수행하는 재정활동에 관한 재무적 정보를 식별하고 측정하여 정보이용자에게 제공하는 회계를 말합니다. 정부회계는 재정활동의 주체에 따라 국가회계와 지방자치단체회계로 구분할 수 있으며, 그동안 단식부기 및 현금주의에 의한 예산회계에 의해 결산을 수행해 왔습니다. 그러나 2007년부터 지방자치단체회계에 발생주의 및 복식부기에 의한 재무회계가 도입되었으며, 2009년부터는 국가회계에 발생주의 및 복식부기에 의한 재무회계가 도입되었습니다.

2012년부터는 공인회계사 1차 시험에 정부회계가 5문제 출제되고 있으며, 정부회계가 다루는 방대한 양에 비하여 출제 문항 수가 매우 적다고 할 수 있습니다. 이에 본서는 공인회계사 시험을 준비하는 수험생들이 최소한의 시간으로 효율적으로 학습할 수 있게 기술하였습니다. 본서의 특징은 다음과 같습니다.

첫째, 2012년부터 현재까지 출제된 모든 문제를 분석하여 본문에 기출연도를 표시하였습니다. 그동안의 기출문제를 살펴보면 동일한 내용이 반복해서 출제되는 경향이 있습니다. 본문에 기출연도를 표시해 두었기 때문에 수험생들 스스로 시험에 반복 출제되는 중요한 부분을 파악하여 강약 조절을 하며 학습할 수 있을 것입니다.

둘째, 각 주제마다 정부회계의 근거가 되는 법령의 제목을 명확하게 기술하였습니다. 정부회계 시험문제는 「국가재정법」 및 「국가회계법」의 일부 규정, 「국가회계기준에 관한 규칙」, 「지방회계법」의 일부 규정 및 「지방자치단체 회계기준에 관한 규칙」에서 주로 출제됩니다. 「국가회계예규」와 「지방자치단체 복식부기·재무회계 운영규정」의 경우에는 거의 출제되지 않습니다. 수험생들의 입장에서는 정부회계 교재에 기술된 내용이 어떤 법령에 대한 내용인지 알 수 없기 때문에 경우에 따라서는 시험에 거의 출제되지 않는 지엽적인 부분에 너무 많은 시간을 낭비할 수 있습니다. 그러나 본서는 각 주제마다 근거가 되는 법령을 명확히 기술하였기 때문에 이러한 시간 낭비를 방지할 수 있을 것입니다.

셋째, 국가회계와 지방자치단체회계를 비교하는 형식으로 기술하였습니다. 공인회계사 시험에는 국가회계와 지방자치단체회계를 비교하는 문제가 자주 출제됩니다. 또한 국가회계에 관해 질문하는 문제에서 오답 지문으로 지방자치단체회계의 내용을 기술하거나, 지방자치단체회계에 관해 질문하는 문제에서 오답 지문으로 국가회계의 내용을 기술합니다. 평소에 국가회계와 지방자치단체회계를 비교하는 형식으로 학습해야만 이러한 스타일의 문제에 쉽게 대비할 수 있습니다.

위와 같은 본서의 특징이 공인회계사 1차 시험을 준비하는 수험생들에게 조금이나마 도움이 될 수 있기를 기원합니다. 끝으로 본서의 출간을 위해 도움을 주신 해커스 경영아카데미와 늘 옆에서 응원해주는 해수에게 감사의 마음을 전합니다.

김영훈

목차

Chapter 05 / 순자산변동표

Chapter 06 / 기타의 재무제표

Chapter 07 / 국가회계 재무제표의 통합

Chapter 08 / 자산 및 부채의 평가

해커스 김영훈 정부회계

Chapter 01

정부회계 총론

제1절 | 정부회계의 의의

01 정부회계의 개념 및 분류

(1) 정부회계의 개념

정부회계란 정부조직이 수행하는 재정활동에 관한 재무적 정보를 식별하고 측정하여 정보이용자에게 제공하는 회계를 말한다.

참고 Plus 재정활동과 예산

1. 재정활동

   재정활동이란 정부가 수행하는 경제활동으로서 정부의 수입 및 지출활동을 말한다.

2. 재정의 분류

운용주체에 따른 분류	운용수단에 따른 분류	재정활동의 성격에 따른 분류
중앙정부 재정	예산(일반회계와 특별회계)	수입
지방정부 재정	기금	지출

   (1) 운용주체에 따른 분류
      ① 중앙정부 재정: 중앙정부를 단위로 이루어지는 재정활동을 말한다.
      ② 지방정부 재정: 지방자치에 기초한 지방자치단체를 단위로 이루어지는 재정활동을 말한다.

   (2) 운용수단에 따른 분류
      ① 예산(일반회계와 특별회계): 일반 재정활동을 수행하기 위하여 설치·운용한다. 주로 조세를 재원으로 사용하고 당해 연도 세입을 당해 연도에 지출하는 것을 원칙으로 한다.
      ② 기금: 특정한 목적을 위하여 특정한 자금을 운용하기 위해 설치한다. 기금은 자금을 조성·적립하여 운용이 가능하며, 계획변경이나 집행절차에 있어서 예산에 비해 탄력성이 인정된다. 그러나 기금도 운영계획 수립 및 결산 등이 이루어진다는 측면에서 예산과 동일하다.

   (3) 재정활동의 성격에 따른 분류
      ① 수입: 예산(일반회계와 특별회계)의 수입은 세입으로 규정함으로써, 기금의 수입활동과 구분된다.
      ② 지출: 예산(일반회계와 특별회계)의 지출은 세출로 규정함으로써, 기금의 지출활동과 구분된다.

3. 예산

   (1) 예산

      예산이란 정부가 한 회계연도에 수행할 재정활동에 대한 실행계획으로서 정부의 수입과 지출을 금액으로 나타낸 계획서를 의미한다.

   (2) 예산과정

      예산과정은 3개년 과정이며 예산편성, 예산심의, 예산집행, 결산으로 구성된다.

T-1년도	T년도	T+1년도
예산편성 및 심의·확정	예산집행	결산

   (3) 세입과 세출
      ① 세입: 한 회계연도의 모든 수입을 말한다.
      ② 세출: 한 회계연도의 모든 지출을 말한다.

---

(4) 회계연도 독립의 원칙

각 회계연도의 경비는 그 연도의 세입 또는 수입으로 충당하여야 한다.

(5) 예산총계주의

① 한 회계연도의 모든 수입을 세입으로 하고, 모든 지출을 세출로 한다.

② 규정된 사항을 제외하고는 세입과 세출은 모두 예산에 계상하여야 한다.

(2) 재정활동 주체에 따른 정부회계의 분류

정부회계는 재정활동의 주체에 따라 국가회계와 지방자치단체회계로 구분한다.

① 국가회계: 중앙정부(국가)의 재정활동을 대상으로 한다.

② 지방자치단체회계: 지방정부(지방자치단체)의 재정활동을 대상으로 한다.

(3) 회계처리 방식에 따른 정부회계의 분류

정부회계는 회계처리 방식에 따라 예산회계와 재무회계로 구분되며, 시스템 구축을 통해 예산회계와 재무회계가 연계되어 병행되고 있다.   CPA 17

① 예산회계

a. 현금주의 및 단식부기에 의해 기록하고 결산하는 회계를 의미한다.

b. 세입(수입) 및 세출(지출)을 인식범위로 하며, 예산편성 시 사용된 예산과목으로 예산의 집행실적을 기록한다.

c. '세입세출결산(기금은 수입지출결산)'을 통해 예산회계의 결산을 보고한다.

② 재무회계

a. 발생주의 및 복식부기에 의해 기록하고 결산하는 회계를 의미한다.

b. 수익 및 비용 그에 따라 수반되는 자산과 부채를 인식범위로 하며, 재무회계 계정과목으로 새정상태 및 재정운영결과를 보고한다.

c. '재무제표'를 통해 재무회계의 결산을 보고한다.

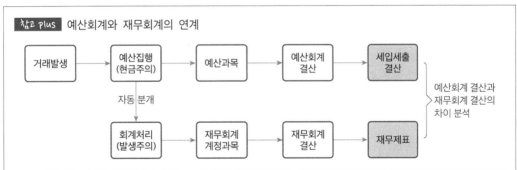

참고 plus 예산회계와 재무회계의 연계

① 국가회계는 디지털예산회계시스템(dBrain), 지방자치단체회계는 복식부기회계정보시스템(DAIS)을 통하여 예산회계와 재무회계가 동시에 수행된다.

② 예산과목과 재무회계 계정과목이 시스템상에 연계되어 예산집행 시 자동으로 재무회계 분개가 수행된다.

③ 세입세출예산과 연계되지 않는 발생주의 재무회계 계정과목은 별도의 분개로 반영한다.

④ 국가회계의 재무회계 계정과목 분류체계: 5단계

대분류	중분류	회계과목	관리과목	세부관리과목
자산	유동자산	현금및현금성자산	현금및현금등가물	현금
				보통예금
				당좌예금
				기타현금성자산
			국고금	한국은행국가예금
				금고은행국가예금
				국고예금
				국고금여유자금운용액
				기타국고금

⑤ 지방자치단체회계의 재무회계 계정과목 분류체계: 4단계

대분류	중분류	회계과목(공시과목)	관리과목(기표과목)
자산	유동자산	현금및현금성자산	현금과예금
			일상경비전도금
			도급경비전도금
			기타현금및현금성자산

02 정부회계의 특징

(1) 비영리회계

이윤추구를 목적으로 하는 기업과는 달리 국가 전체의 질서유지와 공공서비스의 제공을 통한 공공의 이익을 추구하는 것을 목적으로 한다.

(2) 법령에 의한 관리와 통제

① 정부활동은 예산편성, 수입 및 지출, 재산관리 등 모든 부분에서 법적 통제를 받는다.
② 정부의 지출은 예산에 의해서 통제를 받는다.

(3) 다수의 회계실체

정부회계에는 일반회계, 특별회계, 기금회계 등 다수의 회계실체가 존재한다.

03 정부회계의 근거가 되는 법률

(1) 국가회계 관련 법령의 주요 내용

법령	주요내용
국가재정법	• 재정운용의 일반원칙 • 예산편성, 예산집행, 성과관리, 결산, 국가채무관리 등 사항 • 결산보고서의 작성 및 제출 절차, 일정
국가회계법	• 국가회계의 원칙 • 국가회계기준(기획재정부령)의 제정 근거 • 결산보고서의 구성 및 작성
국가회계법 시행령	• 결산보고서 중 세입세출결산에 명시할 사항 • 결산보고서 부속서류의 제출 및 작성
국가회계기준에 관한 규칙 (기획재정부령)	• 재무제표의 구성 및 작성기준 • 자산, 부채, 자본, 수익, 비용의 정의 및 인식기준 • 주석 및 필수보충정보의 작성 • 자산, 부채의 평가 방법
국가회계예규 22개 (행정규칙)	• 실무적용에 필요한 사안에 대해 상세한 해설과 회계처리 사례를 규정 ＜국가회계예규＞ 1. 재무제표의 표시와 부속서류의 작성에 관한 지침 2. 재무제표의 통합에 관한 지침 3. 금융자산과 금융부채 회계처리지침 4. 일반유형자산과 사회기반시설 회계처리지침 5. 무형자산 회계처리지침 6. 기타의 자산과 기타의 부채 회계처리지침 7. 리스 회계처리지침 8. 충당부채, 우발부채, 우발자산 회계처리지침 9. 교환수익 회계처리지침 10. 비교환수익 회계처리지침 11. 비용 회계처리지침 12. 연금 회계처리지침 13. 보험 회계처리지침 14. 보증 회계처리지침 15. 융자 회계처리지침 16. 민간투자사업(BTO·BTL) 회계처리지침 17. 국유재산위탁개발사업 회계처리지침 18. 원가계산에 관한 지침 19. 국고금 회계처리지침 20. 세입·세출외거래 회계처리지침 21. 회계정책·회계추정의 변경과 오류수정에 관한 지침 22. 정부조직개편 회계처리지침

(2) 지방자치단체회계 관련 법령의 주요 내용

법령	주요내용
지방재정법	• 재정운용의 일반원칙 • 예산에 대한 전반적인 내용 • 채권의 관리, 부채의 관리
지방회계법	• 결산에 대한 전반적인 내용 • 지방회계기준(행정안전부령)의 제정 근거 • 결산서의 구성 및 작성
지방회계법 시행령	• 결산서의 작성 및 제출
지방공기업법	• 지방공기업특별회계의 운용, 관리 • 기업회계기준에 준하는 회계처리 및 공인회계사의 감사보고서 첨부
지방자치단체 회계기준에 관한 규칙 (행정안전부령)	• 재무제표의 구성 및 작성기준 • 자산, 부채, 자본, 수익, 비용의 정의 및 인식기준 • 주석 및 필수보충정보의 작성 • 자산, 부채의 평가 방법
지방자치단체 복식부기·재무회계 운영규정[1] (훈령)	• 세부 계정과목별 회계처리지침 • 결산 및 재무제표 작성 시 주의사항 • 사업원가 산출을 위한 지방회계의 원가계산 • 재정운영표의 작성방법

---

1) 「지방자치단체 복식부기·재무회계 운영규정」이 2021년 1월 1일부터 시행됨과 동시에 「지방자치단체 원가계산 준칙」이 폐지되었다.

제2절 | 회계실체와 재무제표 작성원칙

01 회계실체

회계실체란 재무제표를 작성하는 단위를 말한다.

02 국가회계기준의 회계실체

(1) 국가회계실체

① 국가회계실체란 「국가재정법」 제4조에 따른 ⑦ 일반회계, ⑥ 특별회계 및 같은 법 제5조에 따른
   ⑥ 기금으로서 중앙관서별로 구분된 것을 말한다. CPA 12, 18, 22
② 중앙관서는 「헌법」 또는 「정부조직법」 그 밖의 법률에 따라 설치된 중앙행정기관을 말한다.

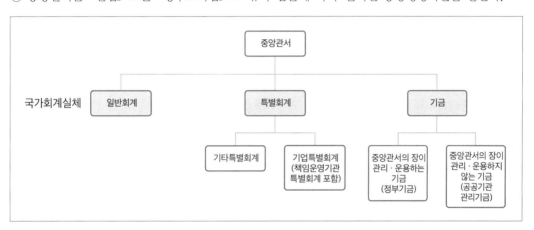

> **참고 Plus** 행정형 회계실체와 사업형 회계실체(원가계산에 관한 지침)
>
> 국가회계실체는 그 활동의 특성에 따라 행정형 회계와 사업형 회계로 구분하며, 정부원가계산은 회계의 내용에 따라
> 그 계산방식을 달리 할 수 있다. CPA 22
>
> 1. 행정형 회계
>   징수한 세금 등을 재원으로 하여 공공재를 공급하는 국가의 일반적이고 고유한 행정활동을 수행하는 회계실체를
>   말한다.
>   예 일반회계, 기타특별회계
>
> 2. 사업형 회계
>   개별적인 보상관계가 적용되는 독립적인 수익창출활동을 수행하는 회계실체를 말한다.
>   예 기업특별회계(책임운영기관특별회계 포함), 기금

(2) 일반회계

일반회계는 조세수입 등을 주요 세입으로 하여 국가의 일반적인 세출에 충당하기 위하여 설치한다.

(3) 특별회계

① 특별회계는 ㉠ 국가에서 특정한 사업을 운영하고자 할 때, ㉡ 특정한 자금을 보유하여 운용하고자 할 때, ㉢ 특정한 세입으로 특정한 세출에 충당함으로써 일반회계와 구분하여 회계처리할 필요가 있을 때에 법률로써 설치한다.

② 특별회계는 법률에 의하지 아니하고는 이를 설치할 수 없다.

③ 특별회계는 기업특별회계와 기타특별회계로 구분할 수 있다.

    a. **기업특별회계**: 기업형태로 운영되는 정부사업 관련 특별회계

       예 2019년 말 기준 5개: 우편사업, 우체국예금, 양곡관리, 조달, 책임운영기관

    b. **기타특별회계**: 예산회계구조를 갖고 특정 세입으로 특정 세출을 충당하기 위한 특별회계

       예 2019년 말 기준 14개: 우체국보험, 국가균형발전, 농어촌구조개선, 등기 외 10개

(4) 기금

① 기금은 국가가 특정한 목적을 위하여 특정한 자금을 신축적으로 운용할 필요가 있을 때에 한정하여 법률로써 설치한다.

② 정부의 출연금 또는 법률에 따른 민간부담금을 재원으로 하는 기금은 기금설치 근거법률에 의하지 아니하고는 이를 설치할 수 없다.

③ 기금은 세입세출예산에 의하지 아니하고 운용할 수 있다.

④ 기금은 중앙관서의 장이 관리·운용하는 기금과 중앙관서의 장이 관리·운용하지 않는 기금으로 구분할 수 있다.

    a. **중앙관서의 장이 관리·운용하는 기금**: 정부기금

       예 2019년 말 기준 46개: 국민연금기금, 군인연금기금, 고용보험기금 외 43개

    b. **중앙관서의 장이 관리·운용하지 않는 기금**: 공공기관관리기금

       예 2019년 말 기준 21개: 신용보증기금, 기술신용보증기금, 국민체육진흥기금 외 18개

참고 plus 중앙관서별 국가회계실체의 구분 예시(2019년 말 기준)

1. 법무부

일반회계	기업특별회계	기타특별회계	기금
일반회계	-	교도작업특별회계	범죄피해자보호기금

2. 과학기술정보통신부

일반회계	기업특별회계	기타특별회계	기금
일반회계	우편사업특별회계 우체국예금특별회계 책임운영기관특별회계	국가균형발전특별회계 에너지및자원사업특별회계 우체국보험특별회계	과학기술진흥기금 원자력기금 방송통신발전기금 정보통신진흥기금

3. 통일부

일반회계	기업특별회계	기타특별회계	기금
일반회계	-	-	남북협력기금

(5) 재무제표 작성원칙

① 중앙관서 재무제표는 중앙관서별로 구분된 국가회계실체 재무제표를 소관 중앙관서별로 통합하여 작성하며, 국가회계실체 간 내부거래는 제거한다.

② 국가 재무제표는 중앙관서 재무제표를 대한민국 정부로 통합하여 작성하며, 중앙관서 간 내부거래는 제거한다. 국가 재무제표 작성 단계에서는 국고금회계의 통합, 재원의 조달 및 이전거래의 조정, 국세징수활동표의 국세수익 조정 등의 작업을 추가로 수행한다.

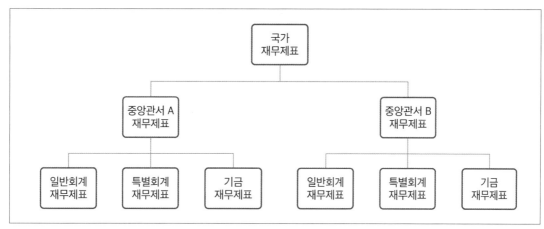

---

03 지방자치단체 회계기준의 회계실체

(1) 개별 회계실체

개별 회계실체란 「지방재정법」 제9조에 따른 ㉠ 일반회계 및 ㉡ 특별회계와 「지방자치단체 기금관리 기본법」 제2조에 따른 ㉢ 기금으로서 재무제표를 작성하는 최소 단위를 말한다. CPA 16

(2) 유형별 회계실체

유형별 회계실체란 개별 회계실체를 그 성격이나 특성에 따라 유형별로 구분한 것으로서, 지방자치단체의 회계구분에 따라 ㉠ 일반회계, ㉡ 기타특별회계, ㉢ 기금회계 및 ㉣ 지방공기업특별회계로 구분한다. CPA 22

(3) 통합 회계실체

통합 회계실체란 유형별 회계실체의 재무제표를 모두 통합하여 재무제표를 작성하는 단위로서 지방자치단체를 말한다.

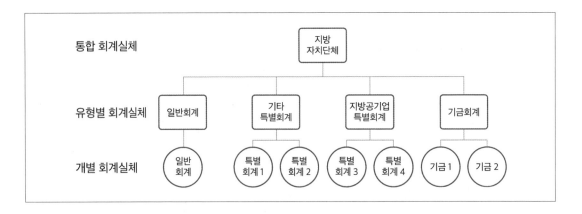

통합 회계실체	지방 자치단체					
유형별 회계실체	일반회계	기타 특별회계	지방공기업 특별회계	기금회계
개별 회계실체	일반 회계	특별 회계 1 / 특별 회계 2	특별 회계 3 / 특별 회계 4	기금 1 / 기금 2

참고 Plus 지방자치단체의 회계실체

1. 일반회계는 지방자치단체 고유의 일반적인 재정활동을 목적으로 설치된 회계를 말한다.

2. 특별회계는 ㉠「지방공기업법」에 따른 지방직영기업이나 그 밖의 특정사업을 운영할 때 또는 ㉡ 특정자금이나 특정세입·세출로서 일반세입·세출과 구분하여 회계처리할 필요가 있을 때에만 법률이나 조례로 설치할 수 있다.

   ① 지방공기업특별회계: 「지방공기업법」에 의하여 조례로 설치·운영되는 지방직영기업, 지방공사, 지방공단에 적용된다.

      [예] 공업용 수도사업, 하수도사업, 궤도사업(도시철도사업 등), 토지개발사업 등

   ② 기타특별회계: 지방자치단체가 설치·운영하는 각종 특별회계 중 지방공기업특별회계를 제외한 나머지 특별회계를 총칭한다.

      [예] 의료보호, 도시재생, 폐기물처리시설, 토지구획정리 등

3. 기금은 지방자치단체가 특정한 행정목적을 달성하기 위하여 「지방자치법」 또는 다른 법률에 따라 설치·운용하는 자금을 말한다.

   [예] 복지, 문예진흥, 중소기업육성, 재해대책, 구호, 주차시설확충 등

4. 서울특별시 회계실체 예시

일반회계	지방공기업특별회계 (2개 분야)	기타특별회계 (9개 분야)	기금 (16개)
일반회계	수도사업특별회계 공기업하수도사업특별회계	도시철도건설사업비특별회계 교통사업특별회계 광역교통시설특별회계 주택사업특별회계 도시개발특별회계 균형발전특별회계 의료급여기금특별회계 한강수질개선특별회계 소방안전특별회계	재정투융자기금 중소기업육성기금 식품진흥기금 기후변화기금 도로굴착복구기금 성평등기금 체육진흥기금 감채기금 재난관리기금 외 7개

> **참고 plus** 행정형 회계실체와 사업형 회계실체
>
> 회계실체는 그 활동의 성격에 따라 행정형 회계실체와 사업형 회계실체로 구분할 수 있다.
>
> 1. 행정형 회계실체
>   지방자치단체의 일반적이고 고유한 행정활동을 수행하는 회계실체를 말한다.
>   [예] 일반회계, 기타특별회계
>
> 2. 사업형 회계실체
>   개별적 보상관계가 적용되는 기업적인 활동을 주된 목적으로 하는 회계실체를 말한다.
>   [예] 기금회계, 지방공기업특별회계

(4) 재무제표의 작성원칙

① 개별 회계실체의 재무제표를 작성할 때에는 지방자치단체 안의 다른 개별 회계실체와의 내부거래를 상계하지 아니한다. 이 경우 내부거래는 해당 지방자치단체에 속하지 아니한 다른 회계실체 등과의 거래와 동일한 방식으로 회계처리한다.

② 유형별 회계실체의 재무제표를 작성할 때에는 해당 유형에 속한 개별 회계실체의 재무제표를 합산하여 작성한다. 이 경우 유형별 회계실체 안에서의 내부거래는 상계하고 작성한다.

③ 지방자치단체의 재무제표는 일반회계, 기타특별회계, 기금회계 및 지방공기업특별회계의 유형별 재무제표를 통합하여 작성한다. 이 경우 내부거래는 상계하고 작성한다. CPA 16

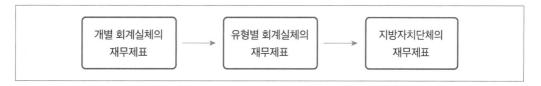

제3절 | 결산과 관련한 「국가재정법」 및 「국가회계법」 규정

01 「국가회계법」의 적용범위 및 다른 법률과의 관계(「국가회계법」 제5조, 제10조)

① 「국가회계법」은 「국가재정법」 제4조에 따른 일반회계 및 특별회계, 「국가재정법」 제5조 제1항에 따라 설치된 기금에 대하여 적용한다. CPA 14
② 「국가회계법」은 일반회계·특별회계 및 기금의 회계 및 결산에 관하여 다른 법률에 우선하여 적용한다. CPA 20

02 회계연도(「국가회계법」 제5조)

국가의 회계연도는 매년 1월 1일에 시작하여 12월 31일에 종료한다.

03 국가회계에 관한 사무의 관장 등(「국가회계법」 제6조)

① 기획재정부장관은 국가회계에 관한 사무를 총괄하고, 중앙관서의 장과 기금관리주체는 그 소관의 회계에 관한 사무를 관리한다.
② 중앙관서의 장은 회계 사무에 관한 법령을 제정·개정 또는 폐지하려는 때에는 기획재정부장관 및 감사원과 협의하여야 한다.

04 회계책임관의 임명과 내부통제(「국가회계법」 제7조, 제24조)

① 중앙관서의 장은 그 소관에 속하는 회계업무를 총괄적으로 수행하도록 하기 위하여 회계책임관을 임명하여야 한다.
② 중앙관서의 장은 회계처리의 적정 여부와 결산보고서의 신뢰성을 평가하기 위하여 회계책임관으로 하여금 이에 관한 사항을 관리·감독하는 등 내부통제를 하게 하여야 한다.

05 회계처리의 기준(「국가회계법」 제11조)

① 국가의 재정활동에서 발생하는 경제적 거래 등을 발생 사실에 따라 복식부기 방식으로 회계처리하는 데에 필요한 기준(국가회계기준)은 기획재정부령(국가회계기준에 관한 규칙)으로 정한다. CPA 15
② 기획재정부장관은 국가회계기준에 관한 업무를 대통령령으로 정하는 바에 따라 전문성을 갖춘 기관 또는 단체에 위탁할 수 있다.

06 결산의 수행(「국가회계법」 제13조)

① 중앙관서의 장은 회계연도마다 그 소관에 속하는 일반회계·특별회계 및 기금을 통합한 결산보고서(중앙관서결산보고서)를 작성하여야 한다. CPA 16, 22
② 중앙관서의 장이 아닌 기금관리주체는 회계연도마다 기금에 관한 결산보고서(기금결산보고서)를 작성하여 소관 중앙관서의 장에게 제출하여야 한다. 이 경우 기금운용규모 등을 고려하여 대통령령으로 정하는 기준(직전 회계연도의 기금운용규모가 5천억원 이상)에 해당하는 기금은 기금결산보고서에 「공인회계사법」에 따른 회계법인의 감사보고서를 첨부하여야 한다. CPA 14, 15, 22
③ 기획재정부장관은 회계연도마다 중앙관서결산보고서를 통합하여 국가의 결산보고서(국가결산보고서)를 작성한 후 국무회의의 심의를 거쳐 대통령의 승인을 받아야 한다. CPA 16, 20

07 결산보고서의 작성, 검사, 제출(「국가재정법」 제58조, 제59조, 제60조, 제61조)

(1) 중앙관서결산보고서의 작성 및 기획재정부장관에게 제출

① 각 중앙관서의 장은 「국가회계법」에서 정하는 바에 따라 회계연도마다 작성한 중앙관서결산보고서를 다음 연도 2월 말일까지 기획재정부장관에게 제출하여야 한다. CPA 13, 16, 22
② 국회의 사무총장, 법원행정처장, 헌법재판소의 사무처장 및 중앙선거관리위원회의 사무총장은 회계연도마다 예비금사용명세서를 작성하여 다음 연도 2월 말까지 기획재정부장관에게 제출하여야 한다. CPA 18, 22

(2) 국가결산보고서의 작성 및 감사원에게 제출

기획재정부장관은 「국가회계법」에서 정하는 바에 따라 회계연도마다 작성하여 대통령의 승인을 받은 국가결산보고서를 다음 연도 4월 10일까지 감사원에 제출하여야 한다. CPA 13

(3) 결산검사 및 결산검사보고서의 송부

감사원은 제출된 국가결산보고서를 검사하고 그 보고서를 다음 연도 5월 20일까지 기획재정부장관에게 송부하여야 한다. CPA 13, 15, 18

(4) 국가결산보고서의 국회 제출

정부는 감사원의 검사를 거친 국가결산보고서를 다음 연도 5월 31일까지 국회에 제출하여야 한다. CPA 13, 15, 18

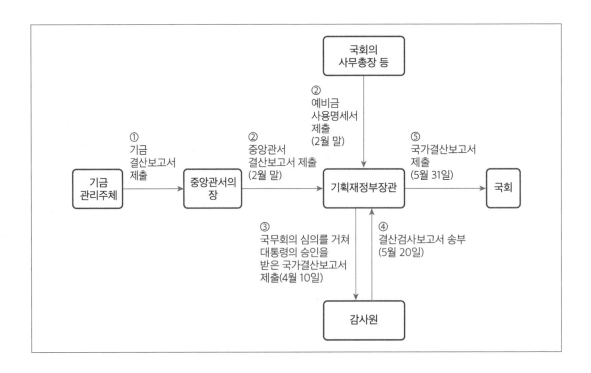

08 결산보고서의 구성(「국가회계법」 제14조, 제15조)

국가의 결산보고서는 ㉠ 결산 개요, ㉡ 세입세출결산(중앙관서결산보고서 및 국가결산보고서의 경우에는 기금의 수입지출결산을 포함하고, 기금결산보고서의 경우에는 기금의 수입지출결산을 말한다), ㉢ 재무제표, ㉣ 성과보고서로 구성된다. CPA 18, 20, 22

구성	작성방법
결산 개요	결산의 내용을 요약하여 예산 및 기금의 집행 결과, 재정의 운영 내용과 재무상태를 분명하게 파악할 수 있도록 작성 CPA 16
세입세출결산	① 세입세출예산 또는 기금운용계획과 같은 구분에 따라 그 집행 결과를 종합하여 작성 CPA 14 ② 중앙관서결산보고서 및 국가결산보고서의 경우에는 기금의 수입지출결산을 포함 ③ 기금결산보고서의 경우에는 기금의 수입지출결산을 말함
재무제표	① 재무제표는 국가회계기준에 따라 작성하여야 함 ② 재무제표: 재정상태표, 재정운영표, 순자산변동표
성과보고서	「국가재정법」에 따른 성과계획서에서 정한 성과목표와 그에 대한 실적을 대비하여 작성 CPA 16

> **참고 plus** 재무제표의 첨부 서류(「국가회계법」 제15조의2) CPA 22
> ① 국가채무관리보고서
> ② 국가채권현재액보고서
> ③ 그 밖에 대통령령으로 정하는 서류(국유재산관리운용보고서, 물품관리운용보고서)

> **참고 plus** 국고채무부담행위
>
> 1. 국가채무관리보고서를 작성해야 하는 국가의 채무(「국가회계법 시행령」 제5조) **CPA 14**
>   ① 국채
>   ② 차입금
>   ③ 국고채무부담행위
>
> 2. 국고채무부담행위
>   ① 국고채무부담행위는 예산확보 없이 국가가 미리 채무를 지는 행위를 의미한다. 즉 지출이 수반되는 계약을 미리 체결하고, 예산의 지출은 다음 연도 이후의 예산에 계상한다. 채무를 부담할 권한만을 부여한 것으로 채무부담과 관련한 실제 지출에 대해서는 다시 국회의 예산에 대한 승인이 필요하다.
>   ② 국고채무부담행위는 계약 이행 여부와 관계없이 지출원인행위(계약체결 시)가 이루어진 시점에도 채무로 인식한다. 따라서 「국가재정법」상 채무로 기록하던 국고채무부담행위는 예산회계에서는 채무의 일종으로 보지만, 발생주의 회계제도하에서는 채무의 확정행위가 없어 '회계실체가 부담하는 현재의 의무기준'을 충족하지 않아 부채로 인식하지 않는 부분이 발생한다.
>   ③ 국가는 법률에 따른 것과 세출예산금액 또는 계속비의 총액의 범위 안의 것 외에 채무를 부담하는 행위를 하는 때에는 미리 예산으로써 국회의 의결을 얻어야 한다. (「국가재정법」 제25조)

09 성인지 결산서의 작성(「국가재정법」 제57조, 「국가회계법」 제15조의2)

① 정부는 여성과 남성이 동등하게 예산의 수혜를 받고 예산이 성차별을 개선하는 방향으로 집행되었는지를 평가하는 보고서(성인지 결산서)를 작성하여야 한다. **CPA 16, 22**

② 성인지 결산서에는 집행실적, 성평등 효과분석 및 평가 등을 포함하여야 한다.

③ 세입세출결산(기금의 수입지출결산은 제외)에는 성인지 결산서가 첨부되어야 하며, 기금의 수입지출결산에는 성인지 기금결산서가 첨부되어야 한다. **CPA 22**

10 온실가스감축인지 결산서의 작성(「국가재정법」 제57조의2, 「국가회계법」 제15조의2)

① 정부는 예산이 온실가스를 감축하는 방향으로 집행되었는지를 평가하는 보고서(온실가스감축인지 결산서)를 작성하여야 한다.

② 온실가스감축인지 결산서에는 집행실적, 온실가스감축 효과분석 및 평가 등을 포함하여야 한다.

③ 세입세출결산(기금의 수입지출결산은 제외)에는 온실가스감축인지 결산서가 첨부되어야 하며, 기금의 수입지출결산에는 온실가스감축인지 기금결산서가 첨부되어야 한다.

제4절 | 결산과 관련한 「지방회계법」 규정

01 「지방회계법」의 적용범위 및 다른 법률과의 관계(「지방회계법」 제3조, 제4조)

① 「지방회계법」은 「지방자치법」 제141조 및 「지방재정법」 제9조에 따른 일반회계 및 특별회계, 「지방자치단체 기금관리기본법」 제2조에 따른 기금에 대하여 적용한다.
② 지방자치단체의 일반회계·특별회계, 기금의 회계 및 결산에 관하여는 다른 법률에 특별한 규정이 있는 경우를 제외하고는 「지방회계법」에서 정하는 바에 따른다.

> **참고 Plus** 지방공기업특별회계
> ① 지방자치단체의 재무제표는 일반회계, 기타특별회계, 기금회계, 지방공기업특별회계의 재무제표를 통합하여 작성된다.
> ② 지방공기업특별회계의 경우 지방자치단체의 재무제표를 구성하는 단위이기는 하지만, 결산 및 재무보고와 관련하여 「지방공기업법」을 우선 적용받기 때문에 자체적으로 재무제표를 작성하고 공시를 해야 한다.
> ③ 일반회계, 기타특별회계, 기금회계는 재정상태표, 재정운영표, 순자산변동표, 현금흐름표(작성 유예)를 작성하지만, 예외적으로 지방공기업특별회계는 재무상태표, 손익계산서, 현금흐름표, 이익잉여금처분계산서(결손금처리계산서)를 작성한다. 그러나 통합 재무제표를 작성할 때는 지방공기업특별회계의 재무제표는 재정상태표, 재정운영표, 순자산변동표, 현금흐름표(작성 유예)의 형식으로 변형하여 통합된다.

02 회계연도(「지방회계법」 제6조)

지방자치단체의 회계연도는 매년 1월 1일에 시작하여 12월 31일에 끝난다.

03 지방자치단체의 회계에 관한 사무의 관장 등(「지방회계법」 제8조)

① 지방자치단체의 장은 해당 지방자치단체의 회계에 관한 사무를 총괄·관리한다.
② 중앙관서의 장은 지방자치단체의 회계 사무에 관한 법령을 제정·개정 또는 폐지하려는 경우에는 행정안전부장관 및 감사원과 미리 협의하여야 한다. 이 경우 행정안전부장관은 지방자치단체의 장의 의견을 들어야 한다. CPA 20

04 회계책임관의 임명과 내부통제(「지방회계법」 제10조, 제51조)

① 지방자치단체의 장은 그 소관에 속하는 회계업무를 총괄적으로 수행하도록 하기 위하여 회계책임관을 임명하여야 한다.
② 지방자치단체의 장은 회계처리를 적정하게 하고, 공무원의 부정·비리를 예방하기 위하여 회계책임관으로 하여금 회계관계공무원의 회계처리에 관한 사항 등을 관리·감독하는 등 내부통제를 하게 하여야 한다. CPA 19

05 회계처리의 기준(「지방회계법」 제12조, 제13조)

① 지방재정활동에 따라 발생하는 경제적 거래 등을 발생사실에 따라 복식부기 방식으로 회계처리하는 데에 필요한 기준(지방회계기준)은 행정안전부장관이 기획재정부장관과 협의하여 행정안전부령(지방자치단체 회계기준에 관한 규칙)으로 정한다.
② 행정안전부장관은 지방회계에 관한 업무 중 대통령령으로 정하는 업무를 효율적으로 추진하기 위하여 대통령령으로 정하는 지정기준에 적합한 기관을 전문기관으로 지정하여 그 업무를 수행하게 할 수 있다. CPA 16

06 결산의 수행(「지방회계법」 제14조)

① 지방자치단체의 장은 회계연도마다 일반회계·특별회계 및 기금을 통합한 결산서를 작성하여 「지방자치법」에 따라 지방의회가 선임한 검사위원에게 검사를 의뢰하여야 한다. CPA 16, 21
② 검사위원은 지방자치단체의 장, 지방의회, 그 밖의 이해관계인으로부터 독립하여 공정하게 업무를 수행하여야 한다.
③ 지방의회는 검사위원의 실명을 공개하여야 한다.
④ 지방자치단체의 장은 결산의 결과를 다음 연도 예산편성에 반영하도록 노력하여야 한다. CPA 18

07 결산서 등의 제출(「지방회계법 시행령」 제10조, 「지방회계법」 제14조)

(1) 지방의회 제출 및 공고

① 지방자치단체의 장은 회계연도마다 결산서에 「지방자치법」에 따른 검사위원의 검사의견서를 첨부하여 다음 회계연도 5월 31일까지 지방의회에 제출하여야 한다. CPA 13
② 지방의회의 의장은 결산서와 검사의견서를 받은 경우 받은 날부터 7일 이내에 검사의견서와 검사위원의 성명을 지방의회의 인터넷 홈페이지에 1개월 이상 공고하여야 한다.

(2) 행정안전부장관에게 제출

지방자치단체의 장은 지방의회에 결산 승인을 요청한 날부터 5일 이내에 결산서를 행정안전부장관에게 제출하여야 한다. CPA 16, 21

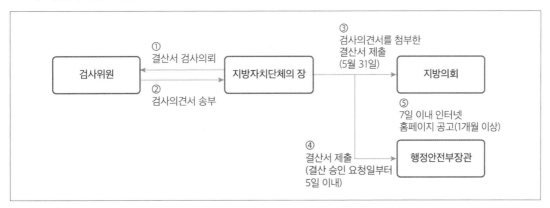

08 결산서의 구성(「지방회계법」 제15조, 제16조)

결산서는 ⊙ 결산 개요, ⓒ 세입·세출결산, ⓒ 재무제표(주석을 포함), ⓔ 성과보고서로 구성된다.
CPA 16, 18, 24

구성	작성방법
결산 개요	결산의 내용을 요약하고 주민이 쉽게 이해할 수 있도록 작성함
세입·세출결산	세입·세출예산 또는 기금운용계획과 같은 구분에 따라 그 집행 결과를 종합하여 작성하여야 함
재무제표	① 재무제표는 지방회계기준에 따라 작성하여야 함 CPA 19, 21, 24 ② 「공인회계사법」에 따른 공인회계사의 검토의견을 첨부하여야 함 CPA 19, 21, 24 ③ 재무제표(주석을 포함): 재정상태표, 재정운영표, 순자산변동표
성과보고서	「지방재정법」에 따른 성과계획서에서 정한 성과목표와 실적을 대비하여 작성하고, 사업원가와 성과를 연계할 수 있도록 함

> **참고 Plus** 재무제표의 첨부 서류(「지방회계법」 제17조) CPA 18
> ① 성질별 재정운영보고서
> ② 유형자산 명세서
> ③ 감가상각 명세서
> ④ 그 밖에 대통령령으로 정하는 서류(채권관리보고서, 채권현재액보고서, 그 밖에 행정안전부장관이 정하는 서류)

09 성인지 결산서의 작성(「지방회계법」 제18조)

① 지방자치단체의 장은 여성과 남성이 동등하게 예산의 혜택을 받고 예산이 성차별을 개선하는 방향으로 집행되었는지를 평가하는 보고서(성인지 결산서)를 작성하여야 한다. CPA 24
② 결산서에는 성인지 결산서가 첨부되어야 한다.

10 결산상 잉여금의 처리(「지방회계법」 제19조)

지방자치단체는 회계연도마다 세입·세출결산상 잉여금이 있을 때에는 다음 ① 또는 ②의 어느 하나에 해당하는 금액을 뺀 잉여금을 그 잉여금이 생긴 회계연도의 다음 회계연도까지 세출예산에 관계없이 지방채의 원리금 상환에 사용할 수 있다. CPA 16, 21
① 다른 법률에 따라 용도가 정하여진 금액
② 「지방재정법」에 따른 이월금(세출예산의 이월)

> 지방채의 원리금 상환에 사용할 수 있는 잉여금
> = 세입·세출결산상 잉여금 - 다른 법률에 용도가 정하여진 금액 - 이월금

제5절 | 국고금회계(국고금 회계처리지침)

01 국고금

국고금이란 「국고금 관리법」에 따른 자산으로서 ㉠ 일반회계, ㉡ 특별회계, ㉢ 중앙관서의 장이 관리·운용하는 기금(정부기금)이 보유하고 있는 현금및현금성자산을 말한다.

대분류	중분류	회계과목	관리과목	세부관리과목
자산	유동자산	현금및현금성자산	현금및현금등가물	현금
				보통예금
				당좌예금
				기타현금성자산
			국고금[1]	한국은행국가예금
				금고은행국가예금
				국고예금
				국고금여유자금운용액
				기타국고금

02 국고금회계

(1) 국고금회계의 정의

국고금회계란 ㉠ 일반회계, 특별회계 및 기금과는 다른 별도의 회계로서 ㉡ 국고통일주의 원칙에 따라 국고로 불입되어 관리되는 수입, 예산의 배정에 따른 지출 및 국고여유자금의 운용 등 국고에 관한 일체의 행위를 하나의 회계에서 모아 회계처리하기 위한 자금관리회계를 말한다. CPA 24

(2) 국고금회계의 적용범위

① 국고금회계는 ㉠ 일반회계와 ㉡ 기타특별회계(우체국보험특별회계는 제외)의 국고금과 관련된 회계처리에 대해 적용한다.

② 국고금회계가 적용되는 일반회계와 기타특별회계(우체국보험특별회계는 제외)의 국고금은 해당 국가회계실체의 재정상태표에 표시되지 않고 국고금회계의 재정상태표에 표시된다. CPA 24

---

1) (국고금의 분류) 국고금은 다음과 같이 분류한다.
   (1) 한국은행국가예금: 한국은행에 납입 또는 예탁한 국고금 CPA 24
   (2) 금고은행국가예금: 「국고금 관리법」에 따라 출납사무를 취급하고 있는 금고은행에 납입 또는 예치한 국고금
   (3) 국고예금: 「국고금 관리법」에 따라 관서운영경비 지급을 위하여 금융회사 등에 예치한 국고금
   (4) 국고금여유자금운용액: 「국고금 관리법」에 따라 국고금의 여유자금 운용을 위해 국고금세부운용계정에서 취득한 운용자산(한국은행국가예금은 제외한다)에서 부채를 차감한 가액
   (5) 기타국고금: 현금과 동일한 가치를 가지는 금 등의 보유액

구분	일반회계	특별회계		기금	
		기타특별회계	기업특별회계	정부기금	공공기관 관리기금
국고금 계정과목 사용	○	○	○	○	×
국고금회계 적용	○	○*	×	×	×
해당 국가회계실체 재정상태표 국고금 표시	×	×*	○	○	×

* 우체국보험특별회계: 국고금회계 적용대상에서 제외함

> **참고 Plus** 국고금회계가 적용되지 않는 국가회계실체의 국고금
> ① 우체국보험특별회계, 기업특별회계(책임운영기관특별회계 포함), 중앙관서의 장이 관리하는 기금(정부기금)의 국고금은 해당 국가회계실체와 중앙관서의 재정상태표에 표시한다.
> ② 중앙관서의 장이 관리하지 않는 기금(공공기관 관리기금)은 국고금을 사용하지 않고 현금및현금등가물을 사용한다. 따라서 공공기관 관리기금은 국고금회계를 적용하지 않으며, 해당 국가회계실체의 재정상태표에 국고금이 표시되지 않는다.

(3) 국고금회계의 결산

① 국고금회계는 기획재정부의 하부 회계로 독립하여 결산을 수행한다. CPA 24
② 국고금회계의 재무제표는 국가 재무제표 작성 시 중앙관서 재무제표와 함께 통합한다.
CPA 24

03 국고금의 수납 시 국고금회계의 회계처리

(1) 국세수익(기타특별회계의 세입이 되는 국세는 제외)을 수납하는 경우

① 일반회계: 국세징수활동표에 '국세수익'으로 인식하는 동시에 '국고이전지출'로 처리한다.

(차) 국고이전지출	×××	(대) 국세수익	×××
(국세징수활동표)		(국세징수활동표)	

② 국고금회계: '국고이전수입'으로 처리하는 동시에 '한국은행국가예금'을 증가시킨다.

(차) 한국은행국가예금	×××	(대) 국고이전수입	×××

(2) 국세수익 중 기타특별회계(우체국보험특별회계는 제외함)의 세입이 되는 농어촌특별세수익과 주세수익 등을 수납하는 경우

① 일반회계: 국세징수활동표에 '국세수익'을 인식하는 동시에 '타회계이전'으로 처리한다.

(차) 타회계이전	×××	(대) 국세수익	×××
(국세징수활동표)		(국세징수활동표)	

② 기타특별회계(우체국보험특별회계는 제외함): 순자산변동표에 '무상이전수입'으로 인식하는 동시에 '국고이전지출'로 처리한다.

(차) 국고이전지출	×××	(대) 무상이전수입	×××
(순자산변동표)		(순자산변동표)	

③ 국고금회계: '국고이전수입'으로 처리하는 동시에 '한국은행국가예금'을 증가시킨다.

(차) 한국은행국가예금	×××	(대) 국고이전수입	×××

(3) 재화 또는 용역의 제공, 부담금 등의 수납, 자산처분, 차입 등의 사유로 국고금을 수납하는 경우(국세 이외의 수입금의 수납)

① 일반회계와 기타특별회계(우체국보험특별회계는 제외함): 재무제표에 관련 수익을 인식하거나 자산의 감소, 부채의 증가로 반영하는 동시에 순자산변동표에 '국고이전지출'로 처리한다.

(차) 국고이전지출	×××	(대) 수익(자산, 부채)	×××
(순자산변동표)			

② 국고금회계: '국고이전수입'으로 처리하는 동시에 '한국은행국가예금'을 증가시킨다.

(차) 한국은행국가예금	×××	(대) 국고이전수입	×××

04 국고금의 지출 시 국고금회계의 회계처리

(1) 재화 또는 용역의 제공, 자산의 취득, 부채의 상환 등의 사유로 국고금을 지출하는 경우

① 국고금회계: '한국은행국가예금'을 감소시키는 동시에 '세출예산지출액'으로 처리한다.

(차) 세출예산지출액	×××	(대) 한국은행국가예금	×××

② 일반회계와 기타특별회계(우체국보험특별회계는 제외함): 순자산변동표에 '국고수입'으로 처리하는 동시에 재무제표에 관련 비용을 인식하거나 자산의 증가, 부채의 감소로 반영한다.

(차) 비용(자산, 부채)	×××	(대) 국고수입	×××
		(순자산변동표)	

(2) 관서운영경비를 교부받을 경우

① 국고금회계: '한국은행국가예금'을 감소시키는 동시에 '세출예산지출액'으로 처리한다.

(차) 세출예산지출액	×××	(대) 한국은행국가예금	×××

② 일반회계와 기타특별회계(우체국보험특별회계는 제외함): 순자산변동표에 '국고수입'으로 처리하는 동시에 '국고예금'을 증가시킨다.

(차) 국고예금	×××	(대) 국고수입 (순자산변동표)	×××

(3) 관서운영경비의 사용잔액을 국고금회계로 반납하는 경우

① 일반회계와 기타특별회계(우체국보험특별회계는 제외함): '국고예금'을 감소시키는 동시에 순자산변동표에 '국고수입'을 차감한다.

(차) 국고수입 (순자산변동표)	×××	(대) 국고예금	×××

② 국고금회계: '세출예산지출액'을 차감하는 동시에 '한국은행국가예금'을 증가시킨다.

(차) 한국은행국가예금	×××	(대) 세출예산지출액	×××

05 국고금회계의 통합

① 국고금회계는 기획재정부의 하부 회계로 독립하여 결산을 수행하고, 국고금회계의 재무제표는 국가 재무제표 작성 시 중앙관서 재무제표와 함께 통합한다. CPA 24

② 국고금회계를 포함한 국가 재무제표에는 중앙관서 순자산변동표의 "국고이전지출"과 국고금회계의 "국고이전수입", 중앙관서 순자산변동표의 "국고수입"과 국고금회계의 "세출예산지출액"을 내부거래 제거로 상계한다. CPA 17, 24

중앙관서 순자산변동표	국고이전지출	국고수입
	↕ 상계	↕ 상계
국고금회계	국고이전수입	세출예산지출액

> **참고 plus** [지방자치단체회계] 수입의 직접 사용 금지(「지방회계법」 제25조)
> 지방자치단체의 장, 그 보조기관 및 소속 행정기관은 그 관할 지방자치단체의 모든 수입을 지정된 수납기관에 내야 하며, 이 법 또는 다른 법률에서 달리 정하고 있는 경우를 제외하고는 직접 사용하여서는 아니 된다. CPA 24

Chapter 01
객관식 연습문제

01 중앙정부의 발생주의회계 도입효과로 볼 수 없는 것은? CPA 2017

① 과거 세입·세출결산의 경우에는 계약에 의한 국가채무만을 관리하였으나, 발생주의회계 도입으로 국가가 지급할 가능성이 있는 연금충당부채가 보고되어 국가 재정의 건전성 관리가 강화되었다.

② 과거에 결산에서 제외되어 상대적으로 관리가 소홀하였던 건설중인자산과 사회기반시설이 재무제표에 포함되어 국가자원관리 체계가 강화되었다.

③ 우리나라보다 먼저 발생주의 복식부기 방식의 재무제표를 작성해오던 해외 주요국가와의 비교가 가능해지고 국가재정통계의 대외신뢰도가 제고되었다.

④ 기존의 현금주의 예산회계제도가 폐지되고 발생주의 정부회계제도로 단일화되어 국가의 예산이 편성된 범위 내에서 효과적으로 집행되도록 관리할 수 있게 되었다.

⑤ 세입·세출결산에 의존할 경우에는 개별법에 따른 보고서 작성으로 국가 전체의 자산과 부채의 규모를 파악하기 어려웠으나 발생주의회계의 도입으로 재정상태표에서 자산과 부채의 규모를 체계적으로 파악할 수 있게 되었다.

02 다음 중 「국가재정법」과 「국가회계법」에서 정하는 결산에 대한 설명으로 옳지 않은 것은? CPA 2016

① 중앙관서의 장은 회계연도마다 「국가회계법」에 따라 그 소관에 속하는 일반회계·특별회계 및 기금을 통합한 결산보고서(중앙관서결산보고서)를 작성하여야 한다.

② 기획재정부장관은 회계연도마다 중앙관서결산보고서를 통합하여 국가의 결산보고서(국가결산보고서)를 작성한 후 감사원의 심의를 거쳐 대통령의 승인을 받아야 한다.

③ 결산 개요는 결산의 내용을 요약하여 예산 및 기금의 집행 결과, 재정의 운영 내용과 재무상태를 분명하게 파악할 수 있도록 작성하여야 하며, 성과보고서는 「국가재정법」에 따른 성과계획서에서 정한 성과목표와 그에 대한 실적을 대비하여 작성하여야 한다.

④ 정부는 여성과 남성이 동등하게 예산의 수혜를 받고 예산이 성차별을 개선하는 방향으로 집행되었는지를 평가하는 보고서(성인지 결산서)를 작성하여야 한다.

⑤ 각 중앙관서의 장은 「국가회계법」에서 정하는 바에 따라 회계연도마다 작성한 결산보고서(중앙관서결산보고서)를 다음 연도 2월 말일까지 기획재정부장관에게 제출하여야 한다.

03 다음 중 「국가재정법」과 「지방회계법」 및 「지방회계법 시행령」에서 정하는 결산에 관한 설명으로 옳지 않은 것은? CPA 2013 수정

① 각 중앙관서의 장은 「국가회계법」에서 정하는 바에 따라 회계연도마다 작성한 결산보고서(중앙관서결산보고서)를 다음 연도 2월 말일까지 기획재정부장관에게 제출하여야 한다.

② 기획재정부장관은 「국가회계법」에서 정하는 바에 따라 회계연도마다 작성하여 대통령의 승인을 받은 국가결산보고서를 다음 연도 4월 10일까지 감사원에 제출하여야 한다.

③ 감사원은 「국가재정법」에 따라 제출된 국가결산보고서를 검사하고 그 보고서를 다음 연도 5월 20일까지 기획재정부장관에게 송부하여야 하고, 정부는 「국가재정법」에 따라 감사원의 검사를 거친 국가결산보고서를 다음 연도 5월 31일까지 국회에 제출하여야 한다.

④ 지방자치단체의 장은 회계연도마다 「지방회계법」에 따라 작성한 결산서에 「지방자치법」에 따른 검사위원의 검사의견서를 첨부하여 다음 회계연도 5월 31일까지 지방의회에 제출하여야 한다.

⑤ 재무제표는 지방회계기준에 따라 작성하여야 하고, 「공인회계사법」에 따른 공인회계사의 감사의견을 첨부하여야 한다.

04 다음 중 「지방회계법」에서 정하는 결산에 대한 설명으로 옳지 않은 것은? CPA 2016 수정

① 지방자치단체의 장은 결산 개요, 세입·세출결산, 재무제표(주석을 포함한다)와 성과보고서로 구성된 결산서를 작성하여 「지방자치법」에 따라 지방의회가 선임한 검사위원에게 검사를 의뢰하여야 한다.

② 지방자치단체의 장은 지방의회에 결산 승인을 요청한 날부터 5일 이내에 결산서를 행정안전부장관에게 제출하여야 한다.

③ 지방재정활동에 따라 발생하는 경제적 거래 등을 발생사실에 따라 복식부기 방식으로 회계처리하는 데에 필요한 기준은 행정안전부장관이 기획재정부장관과 협의하여 행정안전부령으로 정한다. 행정안전부장관은 지방회계에 관한 업무 중 대통령령으로 정하는 업무를 효율적으로 추진하기 위하여 대통령령으로 정하는 지정기준에 적합한 기관을 전문기관으로 지정하여 그 업무를 수행하게 할 수 있다.

④ 결산서에는 계속비 결산 명세서가 첨부되어야 한다.

⑤ 지방자치단체는 회계연도마다 세입·세출결산상 잉여금이 있을 때에는 「지방회계법」에서 정한 금액을 뺀 잉여금을 그 잉여금이 생긴 회계연도의 다음 회계연도까지 세출예산의 범위 내에서만 지방채 원리금 상환에 사용하여야 한다.

05 다음 중 국가와 지방자치단체의 결산에 대한 설명으로 옳지 않은 것은? CPA 2018

① 국가의 결산보고서와 지방자치단체의 결산서는 결산 개요, 세입·세출결산(중앙관서결산보고서 및 국가결산보고서의 경우에는 기금의 수입지출결산을 포함하고, 기금결산보고서의 경우에는 기금의 수입지출결산을 말한다), 재무제표(주석을 포함한다), 성과보고서로 구성된다.

② 국회의 사무총장, 법원행정처장, 헌법재판소의 사무처장 및 중앙선거관리위원회의 사무총장은 회계연도마다 예비금사용명세서를 작성하여 다음 연도 2월 말까지 기획재정부장관에게 제출하여야 한다.

③ 지방자치단체의 재무제표에는 기능별 재정운영표, 유형자산 명세서, 감가상각 명세서 등이 첨부되어야 한다.

④ 지방자치단체의 장은 결산의 결과를 다음 연도 예산편성에 반영하도록 노력하여야 한다.

⑤ 감사원은 제출된 국가결산보고서를 검사하고 그 보고서를 다음 연도 5월 20일까지 기획재정부장관에게 송부하여야 하며, 정부는 감사원의 검사를 거친 국가결산보고서를 다음 연도 5월 31일까지 국회에 제출하여야 한다.

06 「국가회계법」과 「지방회계법」에 대한 다음 설명 중 옳지 않은 것은? CPA 2020

① 기획재정부장관은 회계연도마다 중앙관서결산보고서를 통합하여 국가의 결산보고서를 작성한 후 국무회의의 심의를 거쳐 대통령의 승인을 받아야 한다.

② 지방자치단체의 출납은 회계연도가 끝나는 날 폐쇄한다. 다만, 해당 회계연도의 예산에 포함된 경우로서 회계연도 말에 계약 이행이 완료되어 회계연도 내에 지출하기가 곤란한 경우에는 다음 회계연도 1월 20일까지 지출 처리를 할 수 있다.

③ 국가의 결산보고서는 결산 개요, 세입세출결산(중앙관서결산보고서 및 국가결산보고서의 경우에는 기금의 수입지출결산을 포함하고, 기금결산보고서의 경우에는 기금의 수입지출결산을 말한다), 재무제표, 국세징수활동표로 구성된다.

④ 중앙관서의 장은 지방자치단체의 회계 사무에 관한 법령을 제정·개정 또는 폐지하려는 경우에는 행정안전부장관 및 감사원과 미리 협의하여야 한다. 이 경우 행정안전부장관은 지방자치단체의 장의 의견을 들어야 한다.

⑤ 「국가회계법」은 일반회계·특별회계 및 기금의 회계 및 결산에 관하여 다른 법률에 우선하여 적용한다.

07 「국가재정법」과 「국가회계법」 및 동법 시행령에 대한 다음 설명 중 옳지 않은 것은? CPA 2022

① 국가결산보고서는 결산 개요, 세입세출결산, 재무제표, 성과보고서로 구성되며, 이 중 재무제표에는 국가채무관리보고서와 국가채권현재액보고서가 첨부되어야 한다.

② 국가결산보고서의 세입세출결산에는 여성과 남성이 동등하게 예산의 수혜를 받고 예산이 성차별을 개선하는 방향으로 집행되었는지를 평가하는 성인지 결산서가 첨부되어야 한다.

③ 중앙관서의 장은 회계연도마다 그 소관에 속하는 일반회계·특별회계 및 기금을 통합한 결산보고서를 작성하여 다음 연도 2월 말일까지 기획재정부장관에게 제출하여야 한다.

④ 국회의 사무총장, 법원행정처장, 헌법재판소의 사무처장 및 중앙선거관리위원회의 사무총장은 회계연도마다 예비금사용명세서를 작성하여 다음 연도 2월 말일까지 감사원장에게 제출하여야 한다.

⑤ 중앙관서의 장이 아닌 기금관리주체는 회계연도마다 기금결산보고서를 작성하여 소관 중앙관서의 장에게 제출하여야 하며, 이 경우 직전 회계연도의 기금운용규모가 5천억원 이상인 기금은 기금결산보고서에 회계법인의 감사보고서를 첨부하여야 한다.

08 다음은 국고금회계와 관련된 설명이다. 옳지 않은 것은?

① 국고금이란 「국고금 관리법」에 따른 자산으로서 일반회계, 특별회계, 중앙관서의 장이 관리·운용하는 기금이 보유하고 있는 현금및현금성자산을 말한다.

② 국고금회계란 일반회계, 특별회계 및 기금과는 다른 별도의 회계로서 국고로 불입되어 관리되는 수입, 예산의 배정에 따른 지출 및 국고여유자금의 운용 등 국고에 관한 일체의 행위를 하나의 회계에서 모아 회계처리하기 위한 자금관리회계를 말한다.

③ 국고금회계가 적용되는 일반회계와 기타특별회계의 국고금은 해당 국가회계실체의 재정상태표에 표시된다.

④ 국세수익을 수납하는 경우에 일반회계는 국세징수활동표에 '국세수익'으로 인식하는 동시에 '국고이전지출'로 처리한다.

⑤ 국고금회계를 포함한 국가 재무제표에는 중앙관서 순자산변동표의 '국고수입'과 국고금회계의 '세출예산지출액'을 내부거래 제거로 상계한다.

09 다음은 일반회계만으로 구성된 중앙관서 A부처의 20×1년도 재무제표 작성을 위하여 수집한 회계자료이다. 아래 거래는 모두 현금거래이고, 국고금회계 이외의 다른 국가회계실체와의 내부거래는 없으며, 제시된 자료 이외의 다른 항목은 없다고 가정한다.

- 20×1년도 사용료 수익은 ₩10,000이다.
- 20×1년도 부담금 수익은 ₩15,000이다.
- 20×1년 중에 토지를 ₩8,000에 취득하였다.
- 20×1년도 인건비로 ₩20,000을 집행하였다.
- 20×1년도 보전비로 ₩2,000을 집행하였다.

위 거래들이 20×1년 말 (1) 중앙관서 A부처의 재정상태표상 순자산에 미치는 영향과 (2) 국가 재정상태표상 순자산에 미치는 영향은 각각 얼마인가? CPA 2023

	(1) 중앙관서 A부처	(2) 국가(대한민국 정부)
①	₩8,000 증가	₩8,000 증가
②	₩8,000 증가	₩3,000 증가
③	₩11,000 증가	₩8,000 증가
④	₩11,000 증가	₩3,000 증가
⑤	₩23,000 증가	₩8,000 증가

10 국가회계예규 중 「국고금 회계처리지침」 및 「재무제표의 통합에 관한 지침」의 국고금 관련 설명 중 옳지 않은 것은? CPA 2024

① 국고금회계란 일반회계, 특별회계 및 기금과 다른 별도의 회계로서 국고로 불입되어 관리되는 수입, 예산의 배정에 따른 지출 및 국고여유자금의 운용 등 국고에 관한 일체의 행위를 하나의 회계에서 모아 회계처리하기 위한 자금관리회계를 말한다.

② 국고금회계를 포함한 국가 재무제표에는 중앙관서 순자산변동표의 국고이전지출과 국고금회계의 국고이전수입, 중앙관서 순자산변동표의 국고수입과 국고금회계의 세출예산지출액을 내부거래제거로 상계한다.

③ 한국은행에 납입 또는 예탁한 국고금은 한국은행국가예금으로 분류한다.

④ 일반회계와 기타특별회계(우체국보험특별회계는 제외한다)의 국고금은 해당 국가회계실체와 중앙관서의 재정상태표에 표시한다.

⑤ 국고금회계는 기획재정부의 하부 회계로 독립하여 결산을 수행하고, 국고금회계의 재무제표는 국가 재무제표 작성 시 중앙관서 재무제표와 함께 통합한다.

정답 및 해설

01 ④ 현금주의 예산회계제도는 폐지되지 않고 현재도 시행 중이다. 발생주의 정부회계제도는 현금주의 예산회계제도를 보완하는 제도로서 도입되었다.

02 ② 기획재정부장관은 회계연도마다 중앙관서결산보고서를 통합하여 국가의 결산보고서(국가결산보고서)를 작성한 후 국무회의의 심의를 거쳐 대통령의 승인을 받아야 한다.

03 ⑤ 재무제표는 지방회계기준에 따라 작성하여야 하고, 「공인회계사법」에 따른 공인회계사의 검토의견을 첨부하여야 한다.

04 ⑤ 지방자치단체는 회계연도마다 세입·세출결산상 잉여금이 있을 때에는 다음 ㉠, ㉡의 어느 하나에 해당하는 금액을 뺀 잉여금을 그 잉여금이 생긴 회계연도의 다음 회계연도까지 세출예산에 관계없이 지방채의 원리금 상환에 사용할 수 있다.
㉠ 다른 법률에 따라 용도가 정하여진 금액
㉡ 「지방재정법」에 따른 이월금

05 ③ 지방자치단체의 결산서는 결산 개요, 세입·세출결산, 재무제표(주석을 포함), 성과보고서로 구성된다. 재무제표에는 성질별 재정운영보고서, 유형자산 명세서, 감가상각 명세서, 그 밖에 대통령령으로 정하는 서류가 첨부되어야 한다.

06 ③ 국가의 결산보고서는 결산 개요, 세입세출결산(중앙관서결산보고서 및 국가결산보고서의 경우에는 기금의 수입지출결산을 포함하고, 기금결산보고서의 경우에는 기금의 수입지출결산을 말한다), 재무제표, 성과보고서로 구성된다.

07 ④ 국회의 사무총장, 법원행정처장, 헌법재판소의 사무처장 및 중앙선거관리위원회의 사무총장은 회계연도마다 예비금사용명세서를 작성하여 다음 연도 2월 말까지 기획재정부장관에게 제출하여야 한다.

08 ③ 국고금회계가 적용되는 일반회계와 기타특별회계의 국고금은 해당 국가회계실체의 재정상태표에 표시되지 않고 국고금회계의 재정상태표에 표시된다.

09 ② 이 문제에서 가장 중요한 가정은 일반회계로만 구성되었으며, 모두 현금거래이고, 국고금회계 이외에는 다른 내부거래가 없다는 것이다.

(1) 중앙관서 A부처의 재정상태표 순자산에 미치는 영향: ₩8,000 증가

① 사용료 수익 ₩10,000과 부담금 수익 ₩15,000이 발생했으나, 모든 현금유입액이며 국고로 불입되어 순자산 증가는 ₩0이다.

② 인건비 ₩20,000, 보전비 ₩2,000을 현금으로 집행하였으나, 국고에서 받아서 지출하기 때문에 순자산 감소는 ₩0이다.

③ 토지를 ₩8,000에 취득하였으나 토지 취득대금은 국고에서 받아서 현금으로 지출하기 때문에 지출 행위가 순자산에 미치는 영향은 없다. 그러나 토지는 중앙관서 A부처에 남아있기 때문에 순자산 ₩8,000이 증가하게 된다.

(2) 국가 재정상태표 순자산에 미치는 영향: ₩3,000 증가

① 국가의 재정상태표는 중앙관서 A부처의 재무제표와 국고금회계의 재무제표를 통합하여 작성된다.

② 국가 전체의 입장에서는 수익만큼 순자산이 증가하고, 비용만큼 순자산이 감소한다. 토지의 취득은 현금이라는 자산 감소와 토지라는 자산 증가가 동시에 발생하기 때문에 순자산에 미치는 영향이 없다.

③ 국가 재정상태표 순자산에 미치는 영향:
사용료 수익 ₩10,000 + 부담금 수익 ₩15,000 - 인건비 ₩20,000 - 보전비 ₩2,000 = ₩3,000 증가

10 ④ 국고금회계가 적용되는 일반회계와 기타특별회계(우체국보험특별회계는 제외)의 국고금은 해당 국가회계실체의 재정상태표에 표시되지 않고 국고금회계의 재정상태표에 표시된다.

해커스 김영훈 정부회계

회계사 · 세무사 · 경영지도사 단번에 합격!
해커스 경영아카데미 cpa.Hackers.com

Chapter 02

국가·지방자치단체 회계기준 총칙

제1절 | 총칙

01 「국가회계기준에 관한 규칙」 및 「지방자치단체 회계기준에 관한 규칙」의 적용범위 및 일반원칙

국가회계기준에 관한 규칙(제3조, 제4조)	지방자치단체 회계기준에 관한 규칙(제2조, 제5조)
(1) 적용범위 ① 이 규칙은 「국가재정법」에 따른 일반회계, 특별회계 및 기금의 회계처리에 대하여 적용한다. ② 이 규칙의 해석과 실무회계처리에 관한 사항은 기획재정부장관이 정하는 바에 따른다. → 「국가회계예규」 22개 ③ 이 규칙에서 정하는 것 외의 사항에 대해서는 일반적으로 인정되는 회계원칙과 일반적으로 공정하고 타당하다고 인정되는 회계관습에 따른다.	(1) 적용대상 ① 이 규칙은 지방자치단체가 수행하는 모든 일반적인 거래의 회계처리와 재무제표 보고에 대하여 적용한다. ② 실무회계처리에 관한 구체적인 사항은 행정안전부장관이 정한다. → 「지방자치단체 복식부기·재무회계 운영규정」 ③ 이 규칙으로 정하는 것과 행정안전부장관이 정한 것 외의 사항에 대해서는 일반적으로 인정되는 회계원칙과 일반적으로 공정하며 타당하다고 인정되는 회계관습에 따른다.
(2) 일반원칙 국가의 회계처리는 복식부기·발생주의 방식으로 하며, 다음의 원칙에 따라 이루어져야 한다. ① 신뢰성의 원칙: 회계처리는 신뢰할 수 있도록 객관적인 자료와 증거에 따라 공정하게 이루어져야 한다. ② 이해가능성의 원칙: 재무제표의 양식, 과목 및 회계용어는 이해하기 쉽도록 간단명료하게 표시하여야 한다. CPA 18 ③ 충분성의 원칙: 중요한 회계방침, 회계처리기준, 과목 및 금액에 관하여는 그 내용을 재무제표에 충분히 표시하여야 한다. ④ 계속성의 원칙: 회계처리에 관한 기준 및 추정은 기간별 비교가 가능하도록 기간마다 계속하여 적용하고 정당한 사유 없이 변경해서는 아니 된다. ⑤ 중요성의 원칙: 회계처리와 재무제표 작성을 위한 계정과목과 금액은 그 중요성에 따라 실용적인 방법으로 결정하여야 한다. ⑥ 실질우선의 원칙: 회계처리는 거래 사실과 경제적 실질을 반영할 수 있어야 한다.	(2) 일반원칙 지방자치단체의 회계처리와 재무보고는 발생주의·복식부기 방식에 의하며 다음의 일반원칙에 따라 이루어져야 한다. CPA 19 ① 신뢰성의 원칙: 회계처리와 보고는 신뢰할 수 있도록 객관적인 자료와 증거에 의하여 공정하게 처리하여야 한다. ② 이해가능성의 원칙: 재무제표의 양식 및 과목과 회계용어는 이해하기 쉽도록 간단명료하게 표시하여야 한다. ③ 충분성의 원칙: 중요한 회계방침과 회계처리기준·과목 및 금액에 관하여는 그 내용을 재무제표상에 충분히 표시하여야 한다. ④ 계속성의 원칙: 회계처리에 관한 기준과 추정은 기간별 비교가 가능하도록 기간마다 계속하여 적용하고 정당한 사유 없이 이를 변경하여서는 아니 된다. ⑤ 중요성의 원칙: 회계처리를 하거나 재무제표를 작성할 때 과목과 금액은 그 중요성에 따라 실용적인 방법을 통하여 결정하여야 한다. ⑥ 실질우선의 원칙: 회계처리는 거래의 사실과 경제적 실질을 반영할 수 있어야 한다.

02 회계실체

국가회계기준에 관한 규칙(제2조)	지방자치단체 회계기준에 관한 규칙(제3조, 제6조)
국가회계실체란 「국가재정법」에 따른 일반회계, 특별회계 및 같은 법에 따른 기금으로서 중앙관서별로 구분된 것을 말한다. CPA 14, 22	회계실체란 재무제표를 작성하는 단위를 말하며, 다음과 같이 구분한다. ① 개별 회계실체: 「지방재정법」에 따른 일반회계 및 특별회계와 「지방자치단체 기금관리기본법」에 따른 기금으로서 재무제표를 작성하는 최소 단위를 말한다. CPA 16 ② 유형별 회계실체: 개별 회계실체를 그 성격이나 특성에 따라 유형별로 구분한 것으로서 지방자치단체의 회계구분에 따라 일반회계, 기타특별회계, 기금회계 및 지방공기업특별회계로 구분한다. CPA 22 ③ 통합 회계실체: 유형별 회계실체의 재무제표를 모두 통합하여 재무제표를 작성하는 단위로서 지방자치단체를 말한다.

03 재무제표와 부속서류

국가회계기준에 관한 규칙(제5조)	지방자치단체 회계기준에 관한 규칙(제8조)
(1) 재무제표 ① 재정상태표 ② 재정운영표 ③ 순자산변동표 ④ 주석	(1) 재무제표 ① 재정상태표 ② 재정운영표 ③ 현금흐름표(작성 유예) ④ 순자산변동표 ⑤ 주석
(2) 재무제표의 부속서류 ① 필수보충정보 ② 부속명세서	(2) 재무제표의 부속서류 ① 필수보충정보 ② 부속명세서

(1) 국가회계기준에 관한 규칙

① 재무제표는 「국가회계법」 제14조 제3호에 따라 재정상태표, 재정운영표, 순자산변동표로 구성하되, 재무제표에 대한 주석을 포함한다. CPA 12

② 재무제표의 부속서류는 필수보충정보와 부속명세서로 한다. CPA 12

(2) 지방자치단체 회계기준에 관한 규칙

① 재무제표는 지방자치단체의 재정상황을 표시하는 중요한 요소로서 재정상태표, 재정운영표, 현금흐름표, 순자산변동표, 주석으로 구성된다. CPA 16

② 재무제표의 부속서류는 필수보충정보와 부속명세서로 한다. CPA 16

> **참고 Plus** 지방공기업특별회계
>
> ① 지방자치단체의 재무제표는 일반회계, 기타특별회계, 기금회계, 지방공기업특별회계의 재무제표를 통합하여 작성된다.
> ② 지방공기업특별회계의 경우 지방자치단체의 재무제표를 구성하는 단위이기는 하지만, 결산 및 재무보고와 관련하여 「지방공기업법」을 우선 적용받기 때문에 자체적으로 재무제표를 작성하고 공시를 해야 한다.
> ③ 일반회계, 기타특별회계, 기금회계는 재정상태표, 재정운영표, 순자산변동표, 현금흐름표(작성 유예)를 작성하지만, 예외적으로 지방공기업특별회계는 재무상태표, 손익계산서, 현금흐름표, 이익잉여금처분계산서(결손금처리계산서)를 작성한다. 그러나 통합 재무제표를 작성할 때는 지방공기업특별회계의 재무제표는 재정상태표, 재정운영표, 순자산변동표, 현금흐름표(작성 유예)의 형식으로 변형하여 통합된다.

04 재무제표의 목적(재무보고의 목적) 및 제공하여야 하는 정보

국가회계기준에 관한 규칙(제5조)	지방자치단체 회계기준에 관한 규칙(제4조)
(1) 재무제표의 목적 　재무제표는 ⑦ 국가의 재정활동에 직접적 또는 간접적으로 이해관계를 갖는 정보이용자가 ⓛ 국가의 재정활동 내용을 파악하고, 합리적으로 의사결정을 할 수 있도록 ⓒ 유용한 정보를 제공하는 것을 목적으로 한다.	(1) 재무보고의 목적 　재무보고는 ⑦ 지방자치단체와 직간접적 이해관계가 있는 정보이용자가 ⓛ 재정활동 내용을 파악하여 합리적인 의사결정을 하는 데에 ⓒ 유용한 정보를 제공하는 것을 목적으로 한다.
(2) 재무제표가 제공하는 정보 　CPA 12, 15, 18 　재무제표는 국가가 공공회계책임을 적절히 이행하였는지를 평가하는 데 필요한 다음의 정보를 제공하여야 한다. ① 국가의 재정상태 및 그 변동과 재정운영결과에 관한 정보 ② 예산과 그 밖에 관련 법규의 준수에 관한 정보 ③ 국가사업의 목적을 능률적, 효과적으로 달성하였는지에 관한 정보	(2) 재무보고가 제공하는 정보 　재무보고는 지방자치단체가 공공회계책임을 적절히 이행하였는가 여부를 평가하는 데에 필요한 다음의 정보를 제공하여야 한다. ① 재정상태·재정운영성과·현금흐름 및 순자산 변동에 관한 정보 ② 예산과 그 밖의 관련 법규의 준수에 관한 정보 ③ 당기의 수입이 당기의 서비스를 제공하기에 충분하였는지 또는 미래의 납세자가 과거에 제공된 서비스에 대한 부담을 지게 되는지에 대한 기간 간 형평성에 관한 정보 　CPA 16, 18

05 재무제표의 작성원칙

국가회계기준에 관한 규칙(제6조)	지방자치단체 회계기준에 관한 규칙(제9조)
① 재무제표는 해당 회계연도분과 직전 회계연도분을 비교하는 형식으로 작성한다. ② 비교하는 형식으로 작성되는 두 회계연도의 재무제표는 계속성의 원칙에 따라 작성하며, 「국가회계법」에 따른 적용범위, 회계정책 또는 이 규칙 등이 변경된 경우에는 그 내용을 주석으로 공시한다. ③ 재무제표를 통합하여 작성할 경우 내부거래는 상계하여 작성한다. ④ 재무제표의 과목은 해당 항목의 중요성에 따라 별도의 과목으로 표시하거나 다른 과목으로 통합하여 표시할 수 있다.	① 재무제표는 당해 회계연도분과 직전 회계연도분을 비교하는 형식으로 작성되어야 한다. 이 경우 비교식으로 작성되는 양 회계연도의 재무제표는 계속성의 원칙에 따라 작성되어야 하며 회계정책과 회계추정의 변경이 발생한 경우에는 그 내용을 주석으로 공시하여야 한다. ② 개별 회계실체의 재무제표를 작성할 때에는 지방자치단체 안의 다른 개별 회계실체와의 내부거래를 상계하지 아니한다. 이 경우 내부거래는 해당 지방자치단체에 속하지 아니한 다른 회계실체 등과의 거래와 동일한 방식으로 회계처리한다. **CPA 16** ③ 유형별 회계실체의 재무제표를 작성할 때에는 해당 유형에 속한 개별 회계실체의 재무제표를 합산하여 작성한다. 이 경우 유형별 회계실체 안에서의 내부거래는 상계하고 작성한다. **CPA 23** ④ 지방자치단체의 재무제표는 일반회계·기타특별회계·기금회계 및 지방공기업특별회계의 유형별 재무제표를 통합하여 작성한다. 이 경우 내부거래는 상계하고 작성한다. **CPA 16**

06 출납정리기한(출납폐쇄기한) 내의 수입과 지출

국가회계기준에 관한 규칙(제6조)	지방자치단체 회계기준에 관한 규칙(제9조)
「국고금 관리법 시행령」에 따른 출납정리기한(다음 회계연도 1월 20일) 중에 발생하는 거래에 대한 회계처리는 해당 회계연도에 발생한 거래로 보아 다음과 같이 처리한다. **CPA 16, 17** ① 「국고금 관리법 시행령」 제5조 제2항 각 호의 어느 하나에 해당하는 납입은 해당 회계연도 말일에 수입된 것으로 본다. ② 「국고금 관리법 시행령」 제6조 제1항 각 호의 어느 하나에 해당하는 지출은 해당 회계연도 말일에 지출된 것으로 본다. ③ 「국고금 관리법 시행령」 제7조 단서에 따라 관서운영경비출납공무원이 교부받은 관서운영경비를 해당 회계연도 말일 후에 반납하는 경우에는 해당 회계연도 말일에 반납된 것으로 본다.	「지방회계법」에 따른 출납폐쇄기한(다음 회계연도 1월 20일) 내의 세입금 수납과 세출금 지출은 해당 회계연도의 거래로 처리한다. **CPA 17**

(1) 국가회계의 출납정리기한

① 수입금의 수납기한(「국고금 관리법 시행령」 제5조)

    a. 원칙: 매 회계연도의 수입금을 해당 회계연도 말일까지 수납하여야 한다.

    b. 예외(출납정리기한): 제5조 제2항[1] 각 호의 어느 하나에 해당하는 경우에는 다음 회계연도 1월 20일까지 수납할 수 있다.

② 지출금의 지출기한(「국고금 관리법 시행령」 제6조)

    a. 원칙: 매 회계연도의 경비를 해당 회계연도 말일까지 지출하여야 한다.

    b. 예외(출납정리기한): 제6조 제1항[2] 각 호의 어느 하나에 해당하는 경우에는 다음 회계연도 1월 20일까지 지출할 수 있다.

③ 지출금의 반납기한(「국고금 관리법 시행령」 제7조)

    a. 원칙: 이미 지출된 국고금을 해당 지출과목에 반납하려는 경우에는 해당 회계연도 말일까지 반납하여야 한다.

    b. 예외(출납정리기한): 관서운영경비출납공무원이 교부받은 관서운영경비를 반납하는 경우에는 다음 회계연도 1월 20일까지 반납할 수 있다.

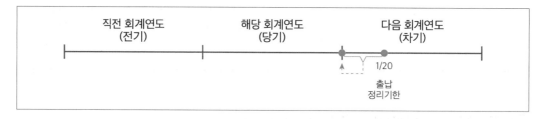

---

1) 「국고금 관리법 시행령」 제5조(수입금의 수납기한)

  ② 한국은행 등은 매 회계연도의 수입금을 해당 회계연도 말일까지 수납하여야 한다. 다만, 다음 각 호의 어느 하나에 해당하는 경우에는 다음 회계연도 1월 20일까지 수납할 수 있다.

    1. 출납공무원이 해당 회계연도에 수납한 수입금을 법 제12조 제2항에 따라 한국은행 등에 납입하는 경우

    2. 지방세에 부가되어 징수된 수입금을 납입하는 경우

    3. 정부계정 상호 간의 국고금 대체를 위하여 납입하는 경우

2) 「국고금 관리법 시행령」 제6조(지출금의 지출 및 지급기한)

  ① 법 제22조 제1항에 따른 지출관(이하 "지출관"이라 한다)은 매 회계연도의 경비를 해당 회계연도 말일까지 지출하여야 한다. 다만, 다음 각 호의 어느 하나에 해당하는 경우에는 다음 회계연도 1월 20일까지 지출할 수 있다.

    1. 정부계정 상호 간의 국고금 대체를 위하여 지출하는 경우

    2. 선사용자금의 지급금액을 대체납입하기 위하여 지출하는 경우

    3. 법 제32조 제1항에 따라 재정증권을 발행하거나 한국은행으로부터 일시차입하여 조달한 자금을 같은 조 제2항에 따라 그 회계연도의 세입으로 상환하는 경우

(2) 지방자치단체회계의 출납폐쇄기한 및 출납사무 완결기한(「지방회계법」 제7조)

① 원칙: 지방자치단체의 출납은 회계연도가 끝나는 날 폐쇄한다.   CPA 20, 21

② 예외(출납폐쇄기한): 해당 회계연도의 예산에 포함된 경우로서 다음 중 어느 하나에 해당하는 경우에는 다음 회계연도 1월 20일까지 수입 또는 지출 처리를 할 수 있다.   CPA 20, 21

> a. 회계연도 말에 계약 이행이 완료되어 회계연도 내에 지출하기가 곤란한 경우
>
> b. 국가나 다른 지방자치단체 등으로부터 자금이 교부되지 아니하여 회계연도 내에 지출하기가 곤란한 경우
>
> c. 그 밖에 해당 회계연도 내에 지출 또는 수입 처리하기가 곤란한 경우로서 대통령령으로 정하는 경우

다음 회계연도 1월 20일까지 수납한 세입금은 같은 기한까지 지방자치단체 금고에 납입할 수 있으며, 관서 운영에 드는 경비 또는 일상경비는 다음 회계연도 1월 20일까지 반납할 수 있다.

③ 출납사무 완결기한: 해당 회계연도에 속하는 세입·세출의 출납에 관한 사무는 다음 회계연도 2월 10일까지 마쳐야 한다.   CPA 24

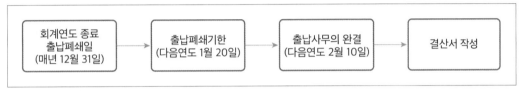

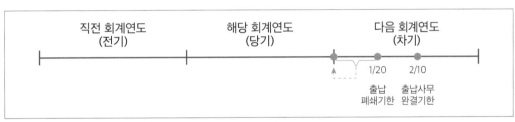

■ 국가회계기준에 관한 규칙 [별지 제1호 서식]

재정상태표

당기: 20X2년 12월 31일 현재

전기: 20X1년 12월 31일 현재

OO기금, OO부처, 대한민국 정부 (단위:)

	20X2		20X1	
자산				
Ⅰ. 유동자산		XXX		XXX
1. 현금 및 현금성자산		XXX		XXX
2. 단기금융상품		XXX		XXX
3. 단기투자증권		XXX		XXX
4. 미수채권	XXX		XXX	
5. 단기대여금	XXX		XXX	
6. 기타 유동자산		XXX		XXX
Ⅱ. 투자자산		XXX		XXX
1. 장기금융상품		XXX		XXX
2. 장기투자증권		XXX		XXX
3. 장기대여금	XXX		XXX	
4. 기타 투자자산		XXX		XXX
Ⅲ. 일반유형자산		XXX		XXX
1. 토지	XXX		XXX	
2. 건물	XXX		XXX	
3. 구축물	XXX		XXX	
4. 기계장치	XXX		XXX	
5. 집기·비품·차량운반구	XXX		XXX	
6. 전비품	XXX		XXX	
7. 기타 일반유형자산	XXX		XXX	
8. 건설 중인 일반유형자산		XXX		XXX
Ⅳ. 사회기반시설		XXX		XXX
1. 도로	XXX		XXX	
2. 철도	XXX		XXX	
3. 항만	XXX		XXX	
4. 댐	XXX		XXX	
5. 공항	XXX		XXX	
6. 하천	XXX		XXX	
7. 상수도	XXX		XXX	
8. 국가어항	XXX		XXX	
9. 기타 사회기반시설	XXX		XXX	
10. 건설 중인 사회기반시설		XXX		XXX
Ⅴ. 무형자산		XXX		XXX
1. 산업재산권		XXX		XXX
2. 광업권		XXX		XXX
3. 소프트웨어		XXX		XXX
4. 기타무형자산		XXX		XXX

VI. 기타 비유동자산		XXX	XXX
1. 장기미수채권	XXX		XXX
2. …	XXX		XXX
자산 계		**XXX**	**XXX**
부채			
Ⅰ. 유동부채		XXX	XXX
1. 단기국채	XXX		XXX
2. 단기공채	XXX		XXX
3. 단기차입금		XXX	XXX
4. 유동성장기차입부채		XXX	XXX
5. 기타 유동부채	XXX		XXX
…	XXX		XXX
Ⅱ. 장기차입부채		XXX	XXX
1. 국채	XXX		XXX
2. 공채	XXX		XXX
3. 장기차입금		XXX	XXX
4. 기타 장기차입부채		XXX	XXX
Ⅲ. 장기충당부채		XXX	XXX
1. 퇴직급여충당부채		XXX	XXX
2. 연금충당부채		XXX	XXX
3. 보험충당부채		XXX	XXX
4. 기타 장기충당부채		XXX	XXX
Ⅳ. 기타 비유동부채		XXX	XXX
1. 장기미지급금	XXX		XXX
2. …	XXX		XXX
부채 계		**XXX**	**XXX**
순자산			
Ⅰ. 기본순자산		XXX	XXX
Ⅱ. 적립금 및 잉여금		XXX	XXX
Ⅲ. 순자산조정		XXX	XXX
순자산 계		**XXX**	**XXX**
부채와 순자산 계		**XXX**	**XXX**

재정운영표

당기: 20X2년 1월 1일부터 20X2년 12월 31일까지

전기: 20X1년 1월 1일부터 20X1년 12월 31일까지

OO기금, OO부처   (단위:)

	20X2			20X1		
	총원가	수익	순원가	총원가	수익	순원가
Ⅰ. 프로그램순원가	XXX	(XXX)	XXX	XXX	(XXX)	XXX
1. 프로그램(A)	XXX	(XXX)	XXX	XXX	(XXX)	XXX
2. 프로그램(B)	XXX	(XXX)	XXX	XXX	(XXX)	XXX
3. 프로그램(C)	XXX	(XXX)	XXX	XXX	(XXX)	XXX
4. 프로그램(D)	XXX	(XXX)	XXX	XXX	(XXX)	XXX
5. …	XXX	(XXX)	XXX	XXX	(XXX)	XXX
Ⅱ. 관리운영비			XXX			XXX
1. 인건비			XXX			XXX
2. 경비			XXX			XXX
Ⅲ. 비배분비용			XXX			XXX
1. 자산처분손실			XXX			XXX
2. 기타비용			XXX			XXX
3. …			XXX			XXX
Ⅳ. 비배분수익			XXX			XXX
1. 자산처분이익			XXX			XXX
2. 기타수익			XXX			XXX
3. …			XXX			XXX
Ⅴ. 재정운영순원가(Ⅰ+Ⅱ+Ⅲ-Ⅳ)			XXX			XXX
Ⅵ. 비교환수익 등			XXX			XXX
1. 부담금수익			XXX			XXX
2. 제재금수익			XXX			XXX
3. 사회보험수익			XXX			XXX
4. 채무면제이익			XXX			XXX
5. 기타비교환수익			XXX			XXX
6. 기타재원조달및이전			XXX			XXX
Ⅶ. 재정운영결과(Ⅴ-Ⅵ)			XXX			XXX

재정운영표

당기: 20X2년 1월 1일부터 20X2년 12월 31일까지
전기: 20X1년 1월 1일부터 20X1년 12월 31일까지

대한민국 정부 (단위:)

	20X2		20X1	
Ⅰ. 재정운영순원가		XXX		XXX
1. 중앙관서(A)		XXX		XXX
2. 중앙관서(B)		XXX		XXX
3. 중앙관서(C)		XXX		XXX
4. …		XXX		XXX
Ⅱ. 비교환수익 등		XXX		XXX
1. 국세수익				
(1) 국세수익	XXX		XXX	
(2) 대손상각비	XXX		XXX	
(3) 대손충당금환입	XXX	XXX	XXX	XXX
2. 부담금수익		XXX		XXX
3. 제재금수익		XXX		XXX
4. 사회보험수익		XXX		XXX
5. 채무면제이익		XXX		XXX
6. 기타비교환수익		XXX		XXX
7. 기타재원조달및이전		XXX		XXX
Ⅲ. 재정운영결과(Ⅰ-Ⅱ)		XXX		XXX

순자산변동표

당기: 20X2년 1월 1일부터 20X2년 12월 31일까지 (Ⅵ.~Ⅹ.)
전기: 20X1년 1월 1일부터 20X1년 12월 31일까지 (Ⅰ.~Ⅴ.)

OO기금, OO부처 (단위:)

	기본 순자산	적립금 및 잉여금	순자산 조정	합계
Ⅰ. 전기 기초순자산	XXX	XXX	XXX	XXX
1. 보고금액	XXX	XXX	XXX	XXX
2. 전기오류수정손익	XXX	XXX	XXX	XXX
3. 회계변경누적효과	XXX	XXX	XXX	XXX
Ⅱ. 재정운영결과		XXX		XXX
Ⅲ. 재원의 조달 및 이전		XXX		XXX
1. 재원의 조달		XXX		XXX
(1) 국고수입		XXX		XXX
(2) 부담금수익		XXX		XXX
(3) 제재금수익		XXX		XXX
(4) 기타비교환수익		XXX		XXX
(5) 무상이전수입		XXX		XXX
(6) 채무면제이익		XXX		XXX
(7) 기타재원조달		XXX		XXX
2. 재원의 이전		XXX		XXX
(1) 국고이전지출		XXX		XXX
(2) 무상이전지출		XXX		XXX
(3) 기타재원이전		XXX		XXX
Ⅳ. 조정항목	XXX	XXX	XXX	XXX
1. 납입자본의 증감	XXX	–	–	XXX
2. 투자증권평가손익	–	–	XXX	XXX
3. 파생상품평가손익	–	–	XXX	XXX
4. 기타 순자산의 증감	XXX	XXX	XXX	XXX
5. …	XXX	XXX	XXX	XXX
Ⅴ. 전기 기말순자산(Ⅰ-Ⅱ+Ⅲ+Ⅳ)	XXX	XXX	XXX	XXX
Ⅵ. 당기 기초순자산	XXX	XXX	XXX	XXX
1. 보고금액	XXX	XXX	XXX	XXX
2. 전기오류수정손익	XXX	XXX	XXX	XXX
3. 회계변경누적효과	XXX	XXX	XXX	XXX
Ⅶ. 재정운영결과		XXX		XXX
Ⅷ. 재원의 조달 및 이전		XXX		XXX
1. 재원의 조달		XXX		XXX
(1) 국고수입		XXX		XXX
(2) 부담금수익		XXX		XXX
(3) 제재금수익		XXX		XXX
(4) 기타비교환수익		XXX		XXX

(5) 무상이전수입		XXX		XXX
(6) 채무면제이익		XXX		XXX
(7) 기타재원조달		XXX		XXX
2. 재원의 이전		**XXX**		**XXX**
(1) 국고이전지출		XXX		XXX
(2) 무상이전지출		XXX		XXX
(3) 기타재원이전		XXX		XXX
IX. 조정항목	XXX	XXX	XXX	XXX
1. 납입자본의 증감	XXX	–	–	XXX
2. 투자증권평가손익	–	–	XXX	XXX
3. 파생상품평가손익	–	–	XXX	XXX
4. 기타 순자산의 증감	XXX	XXX	XXX	XXX
5. …	XXX	XXX	XXX	XXX
X. 당기 기말순자산(Ⅵ-Ⅶ+Ⅷ+Ⅸ)	XXX	XXX	XXX	XXX

순자산변동표

당기: 20X2년 1월 1일부터 20X2년 12월 31일까지 (Ⅴ.~Ⅷ.)

전기: 20X1년 1월 1일부터 20X1년 12월 31일까지 (Ⅰ.~Ⅵ.)

대한민국 정부 (단위:)

	기본 순자산	적립금 및 잉여금	순자산 조정	합계
Ⅰ. 전기 기초순자산	XXX	XXX	XXX	XXX
1. 보고금액	XXX	XXX	XXX	XXX
2. 전기오류수정손익	XXX	XXX	XXX	XXX
3. 회계변경누적효과	XXX	XXX	XXX	XXX
Ⅱ. 재정운영결과			XXX	XXX
Ⅲ. 조정항목	XXX	XXX	XXX	XXX
1. 납입자본의 증감	XXX	-	-	XXX
2. 투자증권평가손익	-	-	XXX	XXX
3. 파생상품평가손익	-	-	XXX	XXX
4. 기타 순자산의 증감	XXX	XXX	XXX	XXX
5. …	XXX	XXX	XXX	XXX
Ⅵ. 전기 기말순자산(Ⅰ-Ⅱ+Ⅲ)	XXX	XXX	XXX	XXX
Ⅴ. 당기 기초순자산	XXX	XXX	XXX	XXX
1. 보고금액	XXX	XXX	XXX	XXX
2. 전기오류수정손익	XXX	XXX	XXX	XXX
3. 회계변경누적효과	XXX	XXX	XXX	XXX
Ⅵ. 재정운영결과			XXX	XXX
Ⅶ. 조정항목	XXX	XXX	XXX	XXX
1. 납입자본의 증감	XXX	-	-	XXX
2. 투자증권평가손익	-	-	XXX	XXX
3. 파생상품평가손익	-	-	XXX	XXX
4. 기타 순자산의 증감	XXX	XXX	XXX	XXX
5. …	XXX	XXX	XXX	XXX
Ⅷ. 당기 기말순자산(Ⅴ-Ⅵ+Ⅶ)	XXX	XXX	XXX	XXX

국세징수활동표

당기: 20X2년 1월 1일부터 20X2년 12월 31일까지
전기: 20X1년 1월 1일부터 20X1년 12월 31일까지

	20X2		20X1	
Ⅰ. 국세수익		XXX		XXX
(1) 국세수익 발생금액		XXX		XXX
1. 소득세수익	XXX		XXX	
2. 법인세수익	XXX		XXX	
3. 상속세수익	XXX		XXX	
4. 증여세수익	XXX		XXX	
5. 부가가치세수익	XXX		XXX	
6. 개별소비세수익	XXX		XXX	
7. 주세수익	XXX		XXX	
8. 증권거래세수익	XXX		XXX	
9. 인지세수익	XXX		XXX	
10. 관세수익	XXX		XXX	
11. 방위세수익	XXX		XXX	
12. 교통·에너지·환경세수익	XXX		XXX	
13. 교육세수익	XXX		XXX	
14. 농어촌특별세수익	XXX		XXX	
15. 종합부동산세수익	XXX		XXX	
16. 기타내국세수익	XXX		XXX	
(2) 대손상각비		(XXX)		(XXX)
(3) 대손충당금환입		XXX		XXX
Ⅱ. 처분		XXX		XXX
(1) 국고이전지출		XXX		XXX
(가) 총현금수입	XXX		XXX	
1. 소득세수입	XXX		XXX	
2. 법인세수입	XXX		XXX	
3. 상속세수입	XXX		XXX	
4. 증여세수입	XXX		XXX	
5. 부가가치세수입	XXX		XXX	
6. 개별소비세수입	XXX		XXX	
7. 주세수입	XXX		XXX	
8 증권거래세수입	XXX		XXX	
9 인지세수입	XXX		XXX	
10. 관세수입	XXX		XXX	
11. 방위세수입	XXX		XXX	
12. 교통·에너지·환경세수입	XXX		XXX	
13. 교육세수입	XXX		XXX	
14. 농어촌특별세수입	XXX		XXX	
15. 종합부동산세수입	XXX		XXX	
16. 기타내국세수입	XXX		XXX	
(나) 국세환급금	(XXX)		(XXX)	
(2) 타회계이전		XXX		XXX
(3) 물납이전		XXX		XXX
(4) 미수국세의 증감		XXX		XXX
(5) 대손충당금의 증감		XXX		XXX
Ⅲ. 차감 계		-		-

■ 지방자치단체 회계기준에 관한 규칙 [별지 제1호 서식]

재정상태표
해당연도 20×2년 12월 31일 현재
직전연도 20×1년 12월 31일 현재

지방자치단체명 (단위: 원)

| 과목 | 해당연도(20×2년) | | | | | | 직전연도(20×1년) | | | | | |
---	일반회계	기타특별회계	기금회계	지방공기업특별회계	내부거래	계	일반회계	기타특별회계	기금회계	지방공기업특별회계	내부거래	계
자산												
Ⅰ. 유동자산												
현금및현금성자산												
단기금융상품												
…												
Ⅱ. 투자자산												
장기금융상품												
장기대여금												
…												
Ⅲ. 일반유형자산												
토지												
건물												
건물감가상각누계액												
…												
Ⅳ. 주민편의시설												
도서관												
주차장												
…												
Ⅴ. 사회기반시설												
도로												
도시철도												
…												
Ⅵ. 기타비유동자산												
보증금												
무형자산												
자산 총계												
부채												
Ⅰ. 유동부채												
단기차입금												
유동성장기차입부채												
…												
Ⅱ. 장기차입부채												
장기차입금												
지방채증권												
…												
Ⅲ. 기타비유동부채												
퇴직급여충당부채												
부채 총계												
순자산												
Ⅰ. 고정순자산												
Ⅱ. 특정순자산												
Ⅲ. 일반순자산												
순자산 총계												
부채와 순자산 총계												

재정운영표

해당연도 20×2년 1월 1일부터 20×2년 12월 31일까지
직전연도 20×1년 1월 1일부터 20×1년 12월 31일까지

지방자치단체명   (단위: 원)

과목	해당연도(20×2년)					직전연도(20×1년)				
	총원가	사업수익	순원가	내부거래	계	총원가	사업수익	순원가	내부거래	계
Ⅰ. 사업순원가										
일반공공 행정										
공공질서 및 안전										
…										
Ⅱ. 관리운영비										
1. 인건비										
급여										
…										
2. 경비										
도서구입 및 인쇄비										
…										
Ⅲ. 비배분비용										
자산처분손실										
기타비용										
…										
Ⅳ. 비배분수익										
자산처분이익										
기타이익										
…										
Ⅴ. 재정운영순원가(Ⅰ+Ⅱ+Ⅲ-Ⅳ)										
Ⅵ. 일반수익										
1. 자체조달수익										
지방세수익										
경상세외수익										
…										
2. 정부간이전수익										
지방교부세수익										
보조금수익										
…										
3. 기타수익										
전입금수익										
기타재원조달										
…										
Ⅶ. 재정운영결과(Ⅴ-Ⅵ)										

현금흐름표

해당연도 20×2년 1월 1일부터 20×2년 12월 31일까지

직전연도 20×1년 1월 1일부터 20×1년 12월 31일까지

지방자치단체명 (단위: 원)

과목	해당연도(20×2년)						직전연도(20×1년)					
	일반회계	기타특별회계	기금회계	지방공기업특별회계	내부거래	계	일반회계	기타특별회계	기금회계	지방공기업특별회계	내부거래	계
I. 경상활동으로 인한 현금 흐름												
1. 경상활동으로 인한 현금 유입액												
자체조달수익												
정부간이전수익												
…												
2. 경상활동으로 인한 현금 유출액												
인건비												
운영비												
정부간이전비용												
민간등이전비용												
…												
II. 투자활동으로 인한 현금 흐름												
1. 투자활동으로 인한 현금 유입액												
대여금의 회수												
장기투자증권의 처분												
일반유형자산의 처분												
…												
2. 투자활동으로 인한 현금 유출액												
대여금의 상환												
장기투자증권의 취득												
일반유형자산의 취득												
…												
III. 재무활동으로 인한 현금 흐름												
1. 재무활동으로 인한 현금 유입액												
차입금의 차입												
지방채증권의 발행												
…												
2. 재무활동으로 인한 현금 유출액												
차입금의 상환												
지방채증권의 상환												
…												
IV. 현금의 증가(감소)(I + II + III)												
V. 기초의 현금												
VII. 기말의 현금(IV + V)												

순자산변동표

해당연도 20×2년 1월 1일부터 20×2년 12월 31일까지
직전연도 20×1년 1월 1일부터 20×1년 12월 31일까지

지방자치단체명 (단위: 원)

과목	해당연도(20×2년)						직전연도(20×1년)					
	일반회계	기타특별회계	기금회계	지방공기업특별회계	내부거래	계	일반회계	기타특별회계	기금회계	지방공기업특별회계	내부거래	계
Ⅰ. 기초순자산												
보고금액												
전기오류수정손익												
회계변경 누적효과												
Ⅱ. 재정운영결과												
Ⅲ. 순자산의 증가												
회계 간의 재산 이관 및 물품 소관의 전환에 따른 자산 증가												
양여·기부로 생긴 자산 증가												
기타 순자산의 증가												
Ⅳ. 순자산의 감소												
회계 간의 재산 이관 및 물품 소관의 전환에 따른 자산 감소												
양여·기부로 생긴 자산 감소												
기타 순자산의 감소												
Ⅴ. 기말순자산(Ⅰ-Ⅱ+Ⅲ-Ⅳ)												

재정운영표(성질별)

해당연도 20×2년 1월 1일부터 20×2년 12월 31일까지
직전연도 20×1년 1월 1일부터 20×1년 12월 31일까지

지방자치단체명 (단위: 원)

과목	해당연도(20×2년)						직전연도(20×1년)					
	일반 회계	기타 특별 회계	기금 회계	지방 공기업 특별회계	내부 거래	계	일반 회계	기타 특별 회계	기금 회계	지방 공기업 특별회계	내부 거래	계
Ⅰ. 인건비												
급여												
복리후생비												
…												
Ⅱ. 운영비												
소모품비												
지급수수료												
업무추진비												
Ⅲ. 정부간이전비용												
시도비보조금												
조정교부금												
…												
Ⅳ. 민간등이전비용												
민간보조금												
출연금												
…												
Ⅴ. 기타비용												
자산처분손실												
자산감액손실												
…												
Ⅵ. 비용총계												
Ⅶ. 자체조달수익												
지방세수익												
경상세외수익												
임시세외수익												
Ⅷ. 정부간이전수익												
지방교부세수익												
보조금수익												
…												
Ⅸ. 기타수익												
전입금수익												
기부금수익												
…												
Ⅹ. 수익총계												
Ⅺ. 재정운영결과(Ⅵ-Ⅹ)												

재정운영표(일반회계)

해당연도 20×2년 1월 1일부터 20×2년 12월 31일까지
직전연도 20×1년 1월 1일부터 20×1년 12월 31일까지

지방자치단체명 (단위: 원)

과목	해당연도(20×2년)			직전연도(20×1년)		
	총원가	사업수익	순원가	총원가	사업수익	순원가
Ⅰ. 사업순원가						
일반공공 행정						
일반행정						
부서명						
정책사업						
…						
공공질서 및 안전						
…						
Ⅱ. 관리운영비						
1. 인건비						
급여						
…						
2. 경비						
도서구입 및 인쇄비						
…						
Ⅲ. 비배분비용						
자산처분손실						
기타비용						
…						
Ⅳ. 비배분수익						
자산처분이익						
기타이익						
…						
Ⅴ. 재정운영순원가(Ⅰ+Ⅱ+Ⅲ-Ⅳ)						
Ⅵ. 일반수익						
1. 자체조달수익						
지방세수익						
경상세외수익						
…						
2. 정부간이전수익						
지방교부세수익						
보조금수익						
…						
3. 기타수익						
전입금수익						
…						
Ⅶ. 재정운영결과(Ⅴ-Ⅵ)						

■ 지방자치단체 회계기준에 관한 규칙 [별지 제7호 서식]

재정운영표(회계)

해당연도 20×2년 1월 1일부터 20×2년 12월 31일까지
직전연도 20×1년 1월 1일부터 20×1년 12월 31일까지

지방자치단체명 (단위: 원)

과목	해당연도(20×2년)			직전연도(20×1년)		
	총원가	사업수익	순원가	총원가	사업수익	순원가
I. 사업순원가(00 기능)						
부서명						
정책사업						
단위사업						
세부사업						
…						
II. 관리운영비						
1. 인건비						
급여						
…						
2. 경비						
도서구입 및 인쇄비						
…						
III. 비배분비용						
자산처분손실						
기타비용						
…						
IV. 비배분수익						
자산처분이익						
기타이익						
…						
V. 재정운영순원가(I+II+III-IV)						
VI. 일반수익						
1. 정부간이전수익						
지방교부세수익						
보조금수익						
…						
2. 기타수익						
전입금수익						
기타재원조달						
…						
VII. 재정운영결과(V-VI)						

객관식 연습문제

01 다음 중 「국가회계기준에 관한 규칙」에 대한 설명으로 옳지 않은 것은?

① 「국고금 관리법 시행령」에 따른 출납정리기한 중에 발생하는 거래에 대한 회계처리는 해당 회계연도에 발생한 거래로 보아 처리한다.

② 국가회계실체란 「국가재정법」 제4조에 따른 일반회계, 특별회계 및 같은 법 제5조에 따른 기금으로서 중앙관서별로 구분된 것을 말한다.

③ 「국가회계기준에 관한 규칙」에서 정하는 것 외의 사항에 대해서는 일반적으로 인정되는 회계원칙과 일반적으로 공정하고 타당하다고 인정되는 회계관습에 따른다.

④ 재무제표는 재정상태표, 재정운영표, 순자산변동표로 구성하되, 재무제표에 대한 주석을 포함한다.

⑤ 비교하는 형식으로 작성되는 두 회계연도의 재무제표는 계속성의 원칙에 따라 작성하며, 「국가회계법」에 따른 적용범위, 회계정책 또는 이 규칙 등이 변경된 경우에는 그 내용을 필수보충정보로 공시한다.

02 다음 중 「지방자치단체 회계기준에 관한 규칙」에 대한 설명으로 옳지 않은 것은?

① 재무보고는 지방자치단체가 공공회계책임을 적절히 이행하였는가 여부를 평가하는 데에 필요한 재정상태·재정운영성과·현금흐름 및 순자산 변동에 관한 정보, 예산과 그 밖의 관련 법규의 준수에 관한 정보, 지방자치단체사업의 목적을 능률적, 효과적으로 달성하였는지에 관한 정보를 제공하여야 한다.

② 유형별 회계실체는 개별 회계실체를 그 성격이나 특성에 따라 유형별로 구분한 것으로서 지방자치단체의 회계구분에 따라 일반회계, 기타특별회계, 기금회계 및 지방공기업특별회계로 구분한다.

③ 지방자치단체의 재무제표는 일반회계·기타특별회계·기금회계 및 지방공기업특별회계의 유형별 재무제표를 통합하여 작성한다. 이 경우 내부거래는 상계하고 작성한다.

④ 유형별 회계실체의 재무제표를 작성할 때에는 해당 유형에 속한 개별 회계실체의 재무제표를 합산하여 작성한다. 이 경우 유형별 회계실체 안에서의 내부거래는 상계하고 작성한다.

⑤ 개별 회계실체의 재무제표를 작성할 때에는 지방자치단체 안의 다른 개별 회계실체와의 내부거래를 상계하지 아니한다. 이 경우 내부거래는 해당 지방자치단체에 속하지 아니한 다른 회계실체 등과의 거래와 동일한 방식으로 회계처리한다.

03 다음은 국가회계실체와 관련한 법령에 대한 설명이다. 옳지 않은 것은? CPA 2014

① 「국가회계법」은 「국가재정법」에 따른 일반회계 및 특별회계, 「국가재정법」에 따라 설치된 기금에 대하여 적용한다.

② 국고통일의 원칙에 따라 예산하에서 운영되는 국가회계실체는 법률에 특별한 규정이 없는 한 수입금을 징수하거나 예산을 집행할 때는 국고통합계정에 불입하고 국고통합계정에서 예산을 배정받아 집행한다.

③ 국가의 결산보고서의 세입세출결산은 세입세출예산 또는 기금운용계획과 같은 구분에 따라 그 집행 결과를 종합하여 작성하여야 한다.

④ 기금관리주체가 중앙관서의 장이 아닌 기금 중 기금운용규모가 대통령령으로 정하는 기준에 해당하는 경우에는 회계법인의 감사보고서를 기금결산보고서에 첨부하여야 한다.

⑤ 국가의 결산보고서 부속서류에 포함되는 국가채무관리보고서를 작성해야 하는 국가채무는 발생주의에 의해 인식한 국채, 차입금이다.

04 다음 중 국가회계 관련 법령에 대한 설명으로 옳은 것은? CPA 2015

① 중앙관서의 장이 아닌 기금관리주체는 회계연도마다 기금에 관한 결산보고서를 작성하여 소관 중앙관서의 장과 기획재정부장관에게 제출하여야 한다. 이 경우 직전 회계연도의 기금운용규모가 5천억원 이상인 기금은 기금결산보고서에 「공인회계사법」 제23조에 따른 회계법인의 감사보고서를 첨부하여야 한다.

② 「국가회계기준에 관한 규칙」에 따르면 재무제표는 국가가 공공회계책임을 적절히 이행하였는 지를 평가하기 위해 국가의 재정상태 및 그 변동과 재정운영결과에 관한 정보, 미래의 납세자가 과거에 제공된 서비스에 대한 부담을 지게 되는지에 대한 기간 간 형평성에 관한 정보 그리고 예산과 그 밖의 관련 법규의 준수에 관한 정보를 제공해야 한다.

③ 「국가회계기준에 관한 규칙」은 국가의 재정활동에서 발생하는 경제적 거래 등을 발생 사실에 따라 복식부기 방식으로 회계처리하는 데에 필요한 기준으로 소관 중앙관서의 장이 감사원과 협의하여 제정한다.

④ 감사원은 「국가재정법」에 따라 제출된 국가결산보고서를 검사하고 그 보고서를 다음 연도 5월 20일까지 기획재정부장관에게 송부하여야 한다. 그리고 정부는 「국가재정법」에 따라 감사원의 검사를 거친 국가결산보고서를 다음 연도 5월 31일까지 국회에 제출하여야 한다.

⑤ 「국가회계법」상 결산보고서는 결산 개요, 세입세출결산, 재무제표로 구성된다.

05 다음 중 「지방자치단체 회계기준에 관한 규칙」에 대한 설명으로 옳은 것은? CPA 2016

① 유형별 회계실체는 「지방재정법」에 따른 일반회계 및 특별회계와 「지방자치단체 기금관리기본법」에 따른 기금으로서 재무제표를 작성하는 최소 단위를 말한다.

② 재무보고는 당기의 수입이 당기의 서비스를 제공하기에 충분하였는지에 관한 정보는 제공하지만, 미래의 납세자가 과거에 제공된 서비스에 대한 부담을 지게 되는지에 대한 기간 간 형평성에 관한 정보는 제공하지 못한다.

③ 개별 회계실체의 재무제표를 작성할 때에는 지방자치단체 안의 다른 개별 회계실체와의 내부거래를 상계한다.

④ 재무제표는 지방자치단체의 재정상황을 표시하는 중요한 요소로서 재정상태표, 재정운영표, 현금흐름표, 순자산변동표, 주석, 필수보충정보 및 부속명세서로 구성된다.

⑤ 지방자치단체의 재무제표는 일반회계·기타특별회계·기금회계의 유형별 재무제표를 통합하여 작성하며, 지방공기업특별회계는 포함하지 아니한다.

06 「지방회계법」에 대한 다음 설명 중 옳지 않은 것은? CPA 2021

① 지방자치단체의 장은 회계연도마다 일반회계·특별회계 및 기금을 통합한 결산서를 작성하여 지방의회가 선임한 검사위원에게 검사를 의뢰하여야 한다.

② 지방자치단체의 출납은 회계연도가 끝나는 날 폐쇄한다. 다만, 해당 회계연도의 예산에 포함된 경우로서 법에 정해진 경우에는 다음 회계연도 2월 10일까지 수입 또는 지출 처리를 할 수 있다.

③ 지방자치단체의 장은 지방의회에 결산 승인을 요청한 날부터 5일 이내에 결산서를 행정안전부장관에게 제출하여야 한다.

④ 지방자치단체의 재무제표는 지방회계기준에 따라 작성하여야 하고, 「공인회계사법」에 따른 공인회계사의 검토의견을 첨부하여야 한다.

⑤ 지방자치단체는 회계연도마다 세입·세출결산상 잉여금이 있을 때에는 일부 법으로 정해진 금액을 뺀 잉여금을 그 잉여금이 생긴 회계연도의 다음 회계연도까지 세출예산에 관계없이 지방채의 원리금 상환에 사용할 수 있다.

07 「지방회계법」에 대한 다음 설명 중 옳지 않은 것은? CPA 2024

① 지방자치단체의 결산서는 결산 개요, 세입·세출 예산, 재무제표(주석 포함)로 구성된다.

② 해당 회계연도에 속하는 지방자치단체의 세입·세출의 출납에 관한 사무는 다음 회계연도 2월 10일까지 마쳐야 한다.

③ 지방자치단체의 장, 그 보조기관 및 소속 행정기관은 그 관할 지방자치단체의 모든 수입을 지정된 수납기관에 내야 하며, 「지방회계법」 또는 다른 법률에서 달리 정하고 있는 경우를 제외하고는 직접 사용하여서는 아니 된다.

④ 지방자치단체의 재무제표는 지방회계기준에 따라 작성하여야 하고, 「공인회계사법」에 따른 공인회계사의 검토의견을 첨부하여야 한다.

⑤ 지방자치단체의 장은 여성과 남성이 동등하게 예산의 혜택을 받고 예산이 성차별을 개선하는 방향으로 집행되었는지를 평가하는 성인지 결산서를 작성하여야 한다.

정답 및 해설

01 ⑤ 비교하는 형식으로 작성되는 두 회계연도의 재무제표는 계속성의 원칙에 따라 작성하며, 「국가회계법」에 따른 적용범위, 회계정책 또는 이 규칙 등이 변경된 경우에는 그 내용을 주석으로 공시한다.

02 ① 재무보고는 지방자치단체가 공공회계책임을 적절히 이행하였는가 여부를 평가하는 데에 필요한 다음의 정보를 제공하여야 한다.
- 재정상태·재정운영성과·현금흐름 및 순자산 변동에 관한 정보
- 예산과 그 밖의 관련 법규의 준수에 관한 정보
- 당기의 수입이 당기의 서비스를 제공하기에 충분하였는지 또는 미래의 납세자가 과거에 제공된 서비스에 대한 부담을 지게 되는지에 대한 기간 간 형평성에 관한 정보

03 ⑤ 국가채무관리보고서를 작성해야 하는 국가의 채무는 국채, 차입금, 국고채무부담행위이다. 이 중 국고채무부담행위는 발생주의에 의해서는 부채로 인식할 수 없다.

04 ④ ① 중앙관서의 장이 아닌 기금관리주체는 회계연도마다 기금에 관한 결산보고서를 작성하여 소관 중앙관서의 장에게 제출하여야 한다. 이 경우 기금운용규모 등을 고려하여 대통령령으로 정하는 기준에 해당하는 기금(직전 회계연도의 기금운용규모가 5천억원 이상인 기금)은 기금결산보고서에 「공인회계사법」에 따른 회계법인의 감사보고서를 첨부하여야 한다.
② 「국가회계기준에 관한 규칙」에 따르면 재무제표는 국가가 공공회계책임을 적절히 이행하였는지를 평가하는 데 필요한 국가의 재정상태 및 그 변동과 재정운영결과에 관한 정보, 국가사업의 목적을 능률적, 효과적으로 달성하였는지에 관한 정보, 예산과 그 밖에 관련 법규의 준수에 관한 정보를 제공해야 한다.
③ 국가의 재정활동에서 발생하는 경제적 거래 등을 발생 사실에 따라 복식부기 방식으로 회계처리하는 데에 필요한 기준은 기획재정부령으로 정한다.
⑤ 「국가회계법」상 결산보고서는 결산 개요, 세입세출결산(중앙관서결산보고서 및 국가결산보고서의 경우에는 기금의 수입지출결산을 포함하고, 기금결산보고서의 경우에는 기금의 수입지출결산을 말한다), 재무제표, 성과보고서로 구성된다.

05 ④　① 개별 회계실체는 「지방재정법」에 따른 일반회계 및 특별회계와 「지방자치단체 기금관리기본법」에 따른 기금으로서 재무제표를 작성하는 최소 단위를 말한다. 유형별 회계실체는 개별 회계실체를 그 성격이나 특성에 따라 유형별로 구분한 것으로 지방자치단체의 회계구분에 따라 일반회계, 기타특별회계, 기금회계 및 지방공기업특별회계로 구분한다.

　　　　② 재무보고는 당기의 수입이 당기의 서비스를 제공하기에 충분하였는지 또는 미래의 납세자가 과거에 제공된 서비스에 대한 부담을 지게 되는지에 대한 기간 간 형평성에 관한 정보를 제공하여야 한다.

　　　　③ 개별 회계실체의 재무제표를 작성할 때에는 지방자치단체 안의 다른 개별 회계실체와의 내부거래를 상계하지 아니한다. 이 경우 내부거래는 해당 지방자치단체에 속하지 아니한 다른 회계실체 등과의 거래와 동일한 방식으로 회계처리한다.

　　　　④ 「지방자치단체 회계기준에 관한 규칙」에서는 재무제표는 지방자치단체의 재정상황을 표시하는 중요한 요소로서 재정상태표, 재정운영표, 현금흐름표, 순자산변동표, 주석으로 구성되어 있고, 재무제표의 부속서류는 필수보충정보와 부속명세서로 한다고 규정되어 있다. 따라서 ④도 옳지 않은 것으로 볼 수 있다. 그러나 CPA 2016년 확정답안에서는 ④를 옳은 지문으로 보았다. 실제 시험에서는 이처럼 출제 오류라고 볼 수 있는 문제도 자주 출제되고 있다. 수험생 입장에서는 ①, ②, ③, ⑤가 ④보다 명백히 옳지 않은 문장이니, 일단 ④를 정답으로 선택해야 한다. 참고로 정부회계 이론체계에서는 재정상태표, 재정운영표, 순자산변동표, 현금흐름표, 주석, 필수보충정보, 부속명세서를 광의의 재무제표라고 보고, 재정상태표, 재정운영표, 현금흐름표 및 순자산변동표를 협의의 재무제표라고 보기도 한다.

　　　　⑤ 지방자치단체의 재무제표는 일반회계·기타특별회계·기금회계 및 지방공기업특별회계의 유형별 재무제표를 통합하여 작성한다. 이 경우 내부거래는 상계하고 작성한다.

06 ②　지방자치단체의 출납은 회계연도가 끝나는 날 폐쇄한다. 다만, 해당 회계연도의 예산에 포함된 경우로서 법에 정해진 경우에는 다음 회계연도 1월 20일까지 수입 또는 지출 처리를 할 수 있다.

07 ①　지방자치단체의 결산서는 ㉠ 결산 개요, ㉡ 세입·세출결산, ㉢ 재무제표(주석을 포함), ㉣ 성과보고서로 구성된다.

해커스 김영훈 정부회계

Chapter 03

재정상태표

01 재정상태표의 개념 및 구성

국가회계기준에 관한 규칙(제7조)	지방자치단체 회계기준에 관한 규칙(제10조)

(1) 재정상태표의 개념
  재정상태표는 재정상태표일 현재의 자산과 부채의 명세 및 상호관계 등 재정상태를 나타내는 재무제표이다.
	(1) 재정상태표의 개념
	  재정상태표는 특정 시점의 회계실체의 자산과 부채의 내역 및 상호관계 등 재정상태를 나타내는 재무제표이다.

(2) 재정상태표의 구성
  재정상태표는 ① 자산, ② 부채 및 ③ 순자산으로 구성된다.
	(2) 재정상태표의 구성
	  재정상태표는 ① 자산, ② 부채 및 ③ 순자산으로 구성된다.

(3) 재정상태표의 양식(p.44 ~ 45 참조)
 	
 Ⅰ. 자산
  1. 유동자산
  2. 투자자산
  3. 일반유형자산
  4. 사회기반시설
  5. 무형자산
  6. 기타 비유동자산
 Ⅱ. 부채
  1. 유동부채
  2. 장기차입부채
  3. 장기충당부채
  4. 기타 비유동부채
 Ⅲ. 순자산
  1. 기본순자산
  2. 적립금 및 잉여금
  3. 순자산조정
	(3) 재정상태표의 양식(p.52 참조)
	
	 Ⅰ. 자산
	  1. 유동자산
	  2. 투자자산
	  3. 일반유형자산
	  4. 주민편의시설
	  5. 사회기반시설
	  6. 기타비유동자산
	 Ⅱ. 부채
	  1. 유동부채
	  2. 장기차입부채
	  3. 기타비유동부채
	 Ⅲ. 순자산
	  1. 고정순자산
	  2. 특정순자산
	  3. 일반순자산
	
	※ 지방자치단체의 재정상태는 유형별 회계실체의 재정상태표 통합과정이 나타날 수 있도록 일반회계, 기타특별회계, 기금회계, 지방공기업특별회계 및 이들 간의 내부거래를 나란히 표시하고 유형별 회계실체의 합에서 내부거래를 제거한 순액을 통합재무제표의 금액으로 표시한다. (다열식 형식)

02 재정상태표의 작성기준

국가회계기준에 관한 규칙(제8조)	지방자치단체 회계기준에 관한 규칙(제13조)
① 자산과 부채는 유동성이 높은 항목부터 배열한다. CPA 12, 17 → 유동성이란 현금으로 전환되기 쉬운 정도를 말한다. ② 자산, 부채 및 순자산은 총액으로 표시한다. → 자산 항목과 부채 또는 순자산 항목을 상계함으로써 그 전부 또는 일부를 재정상태표에서 제외해서는 아니 된다. CPA 18	① 자산과 부채는 유동성이 높은 항목부터 배열하는 것을 원칙으로 한다. ② 자산과 부채는 총액에 따라 적는 것을 원칙으로 한다. → 자산의 항목과 부채 또는 순자산의 항목을 상계함으로써 그 전부 또는 일부를 재정상태표에서 제외하여서는 아니 된다. ③ 가지급금이나 가수금 등의 미결산항목은 그 내용을 나타내는 적절한 과목으로 표시하고, 비망계정(어떤 경제활동의 발생을 기억하기 위해 기록하는 계정을 말한다)은 재정상태표의 자산 또는 부채항목으로 표시하지 아니한다. CPA 23

제2절 | 자산

01 자산의 정의

국가회계기준에 관한 규칙(제9조)	지방자치단체 회계기준에 관한 규칙(제11조)
자산은 ① 과거의 거래나 사건의 결과로 ② 현재 국가회계실체가 소유(실질적으로 소유하는 경우를 포함한다) 또는 통제하고 있는 자원으로서, ③ 미래에 공공서비스를 제공할 수 있거나 ④ 직접 또는 간접적으로 경제적 효익을 창출하거나 창출에 기여할 것으로 기대되는 자원을 말한다.	자산은 ① 과거의 거래나 사건의 결과로 ② 현재 회계실체가 소유(실질적으로 소유하는 경우를 포함한다) 또는 통제하고 있는 자원으로서 ③ 미래에 공공서비스를 제공할 수 있거나 ④ 직접적 또는 간접적으로 경제적 효익을 창출하거나 창출에 기여할 가능성이 매우 높은 자원을 말한다.

02 자산의 인식기준

국가회계기준에 관한 규칙(제10조)	지방자치단체 회계기준에 관한 규칙(제12조)
(1) 자산인식기준 자산은 ① 공용 또는 공공용으로 사용되는 등 공공서비스를 제공할 수 있거나 직접적 또는 간접적으로 경제적 효익을 창출하거나 창출에 기여할 가능성이 매우 높고 ② 그 가액을 신뢰성 있게 측정할 수 있을 때에 인식한다. **CPA 18**	(1) 자산인식기준 자산은 ① 미래에 공공서비스를 제공할 수 있거나 직접적 또는 간접적으로 경제적 효익을 창출하거나 창출에 기여할 가능성이 매우 높고 ② 그 가액을 신뢰성 있게 측정할 수 있을 때에 인식한다.
(2) 유산자산 현재 세대와 미래 세대를 위하여 정부가 영구히 보존하여야 할 자산으로서 역사적, 자연적, 문화적, 교육적 및 예술적으로 중요한 가치를 갖는 자산(이하 "유산자산")은 ① 자산으로 인식하지 아니하고 ② 그 종류와 현황 등을 필수보충정보로 공시한다. **CPA 12, 18, 22**	(2) 관리책임자산 문화재, 예술작품, 역사적 문건 및 자연자원(이하 "관리책임자산")은 ① 자산으로 인식하지 아니하고 ② 필수보충정보로 보고한다. **CPA 12, 15, 18, 20, 22**
(3) 국가안보와 관련된 자산 ① 국가안보와 관련된 자산은 기획재정부장관과 협의하여 자산으로 인식하지 아니할 수 있다. **CPA 12** ② 이 경우 해당 중앙관서의 장은 해당 자산의 종류, 취득시기 및 관리현황 등을 별도의 장부에 기록하여야 한다.	규정 없음

> **참고 Plus** 자산 관련 필수보충정보
> ① 국가회계기준: 유산자산의 종류, 수량 및 관리상태
> ② 지방자치단체 회계기준: 관리책임자산

03 자산의 구분

국가회계기준에 관한 규칙(제9조)	지방자치단체 회계기준에 관한 규칙(제14조)
자산은 ① 유동자산, ② 투자자산, ③ 일반유형자산, ④ 사회기반시설, ⑤ 무형자산 및 ⑥ 기타 비유동자산으로 구분하여 재정상태표에 표시한다. CPA 16, 17, 18, 19	자산은 ① 유동자산, ② 투자자산, ③ 일반유형자산, ④ 주민편의시설, ⑤ 사회기반시설, ⑥ 기타비유동자산으로 분류한다. CPA 19, 22

(1) 국가회계기준에 의한 자산의 구분(제11조 ~ 제16조)

① 유동자산

    a. 유동자산은 재정상태표일부터 1년 이내에 현금화되거나 사용될 것으로 예상되는 자산이다.

    b. 유동자산의 회계과목

> ㉠ 현금 및 현금성자산
> ㉡ 단기금융상품
> ㉢ 단기투자증권(만기가 1년 이내이거나 1년 이내에 처분 예정인 채무증권, 지분증권 및 기타 단기투자증권)
> ㉣ 미수채권
> ㉤ 단기대여금
> ㉥ 기타 유동자산(미수수익, 선급금, 선급비용 및 재고자산 등)

② 투자자산

    a. 투자자산은 투자 또는 권리행사 등의 목적으로 보유하고 있는 자산이다.

    b. 투자자산의 회계과목

> ㉠ 장기금융상품
> ㉡ 장기투자증권(만기가 1년 후이거나 1년 후에 처분 예정인 채무증권, 지분증권 및 기타 장기투자증권)
> ㉢ 장기대여금
> ㉣ 기타 투자자산

③ 일반유형자산

    a. 일반유형자산은 고유한 행정활동에 1년 이상 사용할 목적으로 취득한 자산(사회기반시설은 제외)이다.

    b. 일반유형자산의 회계과목

> ㉠ 토지
> ㉡ 건물
> ㉢ 구축물
> ㉣ 기계장치
> ㉤ 집기·비품·차량운반구
> ㉥ 전비품(전쟁의 억제 또는 수행에 직접적으로 사용되는 전문적인 군사장비와 탄약 등)
> ㉦ 기타 일반유형자산
> ㉧ 건설 중인 일반유형자산

④ 사회기반시설

    a. 사회기반시설은 국가의 기반을 형성하기 위하여 대규모로 투자하여 건설하고 그 경제적 효과가 장기간에 걸쳐 나타나는 자산이다.　**CPA 12**

    b. 사회기반시설의 회계과목　**CPA 12**

> ㉠ 도로
> ㉡ 철도
> ㉢ 항만
> ㉣ 댐
> ㉤ 공항
> ㉥ 하천
> ㉦ 상수도
> ㉧ 국가어항
> ㉨ 기타 사회기반시설
> ㉩ 건설 중인 사회기반시설

⑤ 무형자산

    a. 무형자산은 일정 기간 독점적·배타적으로 이용할 수 있는 권리인 자산이다.

    b. 무형자산의 회계과목

> ㉠ 산업재산권
> ㉡ 광업권
> ㉢ 소프트웨어
> ㉣ 기타 무형자산

⑥ 기타 비유동자산
  a. 기타 비유동자산은 유동자산, 투자자산, 일반유형자산, 사회기반시설 및 무형자산에 해당하지 아니하는 자산을 말한다.
  b. 기타 비유동자산의 회계과목

  > ㉠ 장기미수채권 등

(2) 지방자치단체 회계기준에 의한 자산의 분류(제15조 ~ 제20조)

① 유동자산
  a. 유동자산은 회계연도 종료 후 1년 내에 현금화가 가능하거나 실현될 것으로 예상되는 자산이다.
  b. 유동자산의 회계과목

  > ㉠ 현금 및 현금성자산
  > ㉡ 단기금융상품
  > ㉢ 미수세금
  > ㉣ 미수세외수입금

② 투자자산
  a. 투자자산은 회계실체가 투자하거나 권리행사 등의 목적으로 보유하고 있는 비유동자산이다.
  b. 투자자산의 회계과목

  > ㉠ 장기금융상품
  > ㉡ 장기융자금
  > ㉢ 장기투자증권

③ 일반유형자산
  a. 일반유형자산은 공공서비스의 제공을 위하여 1년 이상 반복적 또는 계속적으로 사용되는 자산이다. CPA 15
  b. 일반유형자산의 회계과목 CPA 15

  > ㉠ 토지
  > ㉡ 건물
  > ㉢ 입목

④ 주민편의시설

    a. 주민편의시설은 주민의 편의를 위하여 1년 이상 반복적 또는 계속적으로 사용되는 자산이다.
       CPA 20

    b. 주민편의시설의 회계과목   CPA 20

> ㉠ 도서관
> ㉡ 주차장
> ㉢ 공원
> ㉣ 박물관
> ㉤ 미술관

⑤ 사회기반시설

    a. 사회기반시설은 초기에 대규모 투자가 필요하고 파급효과가 장기간에 걸쳐 나타나는 지역사회의 기반적인 자산이다.   CPA 20, 23

    b. 사회기반시설의 회계과목   CPA 20

> ㉠ 도로
> ㉡ 도시철도
> ㉢ 상수도시설
> ㉣ 수질정화시설
> ㉤ 하천부속시설

⑥ 기타비유동자산

    a. 기타비유동자산은 유동자산, 투자자산, 일반유형자산, 주민편의시설, 사회기반시설에 속하지 아니하는 자산으로서 보증금, 무형자산 등을 말한다.

    b. 기타비유동자산의 회계과목   CPA 18

> ㉠ 보증금
> ㉡ 무형자산

제3절 | 부채

01 부채의 정의

국가회계기준에 관한 규칙(제17조)	지방자치단체 회계기준에 관한 규칙(제11조)
부채는 ① 과거의 거래나 사건의 결과로 국가회계실체가 부담하는 의무로서, ② 그 이행을 위하여 미래에 자원의 유출 또는 사용이 예상되는 ③ 현재의 의무를 말한다.	부채는 ① 과거 사건의 결과로 회계실체가 부담하는 의무로서 ② 그 이행을 위하여 미래에 자원의 유출이 예상되는 ③ 현재 시점의 의무를 말한다.

02 부채의 인식기준

국가회계기준에 관한 규칙(제18조)	지방자치단체 회계기준에 관한 규칙(제12조)
(1) 부채인식기준 　부채는 국가회계실체가 부담하는 현재의 의무 중 ① 향후 그 이행을 위하여 지출이 발생할 가능성이 매우 높고 ② 그 금액을 신뢰성 있게 측정할 수 있을 때 인식한다. CPA 12	(1) 부채인식기준 　부채는 회계실체가 부담하는 현재의 의무를 ① 이행하기 위하여 경제적 효익이 유출될 것이 거의 확실하고 ② 그 금액을 신뢰성 있게 측정할 수 있을 때에 인식한다.
(2) 국가안보와 관련된 부채 　① 국가안보와 관련된 부채는 기획재정부장관과 협의하여 부채로 인식하지 아니할 수 있다. 　② 이 경우 해당 중앙관서의 장은 해당 부채의 종류, 취득시기 및 관리현황 등을 별도의 장부에 기록하여야 한다.　CPA 20	규정 없음

03 부채의 구분(분류)

국가회계기준에 관한 규칙(제17조)	지방자치단체 회계기준에 관한 규칙(제21조)
부채는 ① 유동부채, ② 장기차입부채, ③ 장기충당부채 및 ④ 기타 비유동부채로 구분하여 재정상태표에 표시한다.	부채는 ① 유동부채, ② 장기차입부채 및 ③ 기타비유동부채로 분류한다.

(1) 국가회계기준에 의한 부채의 구분(제19조 ~ 제22조)

① 유동부채

    a. 유동부채는 재정상태표일부터 1년 이내에 상환하여야 하는 부채이다.

    b. 유동부채의 회계과목

> ㉠ 단기국채
> ㉡ 단기공채
> ㉢ 단기차입금
> ㉣ 유동성장기차입부채
> ㉤ 기타 유동부채(미지급금, 미지급비용, 선수금, 선수수익 등)

② 장기차입부채

    a. 장기차입부채는 재정상태표일부터 1년 후에 만기가 되는 확정부채이다.   CPA 20

    b. 장기차입부채의 회계과목   CPA 20

> ㉠ 국채
> ㉡ 공채
> ㉢ 장기차입금
> ㉣ 기타 장기차입부채

③ 장기충당부채

    a. 장기충당부채는 지출시기 또는 지출금액이 불확실한 부채이다.

    b. 장기충당부채의 회계과목   CPA 18

> ㉠ 퇴직급여충당부채
> ㉡ 연금충당부채
> ㉢ 보험충당부채
> ㉣ 기타 장기충당부채

④ 기타 비유동부채

    a. 기타 비유동부채는 유동부채, 장기차입부채 및 장기충당부채에 해당하지 아니하는 부채를 말한다.

> **참고 Plus** 부채 관련 국가회계기준의 필수보충정보
> ① 연금보고서, ② 보험보고서, ③ 사회보험보고서

(2) 지방자치단체 회계기준에 의한 부채의 분류(제22조 ~ 제24조)

① 유동부채

    a. 유동부채는 회계연도 종료 후 1년 이내에 상환되어야 하는 부채이다.

    b. 유동부채의 회계과목

> ㉠ 단기차입금
> ㉡ 유동성장기차입부채

② 장기차입부채

    a. 장기차입부채는 회계연도 종료 후 1년 이후에 만기가 되는 차입부채이다.

    b. 장기차입부채의 회계과목

> ㉠ 장기차입금
> ㉡ 지방채증권

③ 기타비유동부채

    a. 기타비유동부채는 유동부채와 장기차입부채에 속하지 아니하는 부채이다.   CPA 19

    b. 기타비유동부채의 회계과목   CPA 19

> ㉠ 퇴직급여충당부채
> ㉡ 장기예수보증금
> ㉢ **장기선수수익**: 대가의 수익은 이루어졌으나 수익의 귀속시기가 차기 이후인 수익
>   CPA 23

참고 Plus 지방자치단체회계의 충당부채

① 퇴직급여충당부채는 「공무원연금법」을 적용받는 지방공무원을 제외한 무기계약근로자 등이 일시에 퇴직할 경우 지방자치단체가 지급하여야 할 퇴직금에 상당하는 금액으로 한다.
② 지방자치단체회계는 연금·보험·보증충당부채를 인식하지 않는다.   CPA 18

제4절 | 순자산

01 순자산의 정의

국가회계기준에 관한 규칙(제23조)	지방자치단체 회계기준에 관한 규칙(제11조)
순자산은 자산에서 부채를 뺀 금액을 말한다. CPA 12	순자산은 회계실체의 자산에서 부채를 뺀 나머지 금액을 말한다.

02 순자산의 구분(분류)

국가회계기준에 관한 규칙(제23조)	지방자치단체 회계기준에 관한 규칙(제25조)
순자산은 ① 기본순자산, ② 적립금 및 잉여금, ③ 순자산조정으로 구분한다. CPA 12, 22	순자산은 지방자치단체의 기능과 용도를 기준으로 ① 고정순자산, ② 특정순자산, ③ 일반순자산으로 분류한다. CPA 18, 22

(1) 국가회계기준에 의한 순자산의 구분(제23조)

① 적립금 및 잉여금: ㉠ 임의적립금, ㉡ 전기이월결손금·잉여금, ㉢ 재정운영결과 등을 표시한다.
② 순자산조정: ㉠ 투자증권평가손익, ㉡ 파생상품평가손익, ㉢ 기타 순자산의 증감 등을 표시한다.
③ 기본순자산: 순자산에서 적립금 및 잉여금과 순자산조정을 뺀 금액으로 표시한다.

> a. 자산 - 부채 = 순자산
> b. 순자산 - 적립금 및 잉여금 - 순자산조정 = 기본순자산

(2) 지방자치단체 회계기준에 의한 순자산의 분류(제25조)

① 고정순자산: ㉠ 일반유형자산, 주민편의시설, 사회기반시설 및 무형자산의 투자액에서 ㉡ 그 시설의 투자재원을 마련할 목적으로 조달한 장기차입금 및 지방채증권 등을 ㉢ 뺀 금액으로 한다. CPA 18
② 특정순자산: 채무상환목적이나 적립성기금의 원금과 같이 그 사용목적이 특정되어 있는 재원과 관련된 순자산을 말한다. CPA 12, 18
③ 일반순자산: 순자산에서 고정순자산과 특정순자산을 제외한 나머지 금액을 말한다.

> a. 자산 - 부채 = 순자산
> b. 순자산 - 고정순자산 - 특정순자산 = 일반순자산

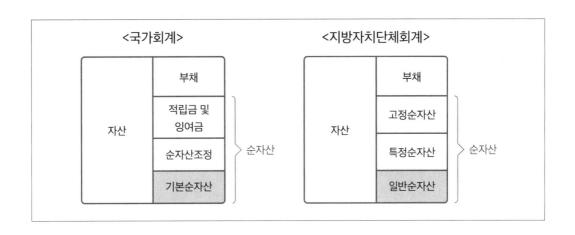

01 다음 중 「국가회계기준에 관한 규칙」에서 정하는 재정상태표에 관한 설명으로 옳지 않은 것은?

① 자산은 유동자산, 투자자산, 일반유형자산, 사회기반시설, 무형자산 및 기타 비유동자산으로 구분하여 재정상태표에 표시한다.

② 국가안보와 관련된 부채는 기획재정부장관과 협의하여 부채로 인식하지 아니할 수 있다. 이 경우 해당 중앙관서의 장은 해당 부채의 종류, 취득시기 및 관리현황 등을 별도의 장부에 기록하여야 한다.

③ 자산과 부채는 유동성이 높은 항목부터 배열한다. 이 경우 유동성이란 현금으로 전환되기 쉬운 정도를 말한다.

④ 자산은 과거의 거래나 사건의 결과로 현재 국가회계실체가 소유(실질적으로 소유하는 경우는 제외한다) 또는 통제하고 있는 자원으로서, 미래에 공공서비스를 제공할 수 있거나 직접 또는 간접적으로 경제적 효익을 창출하거나 창출에 기여할 것으로 기대되는 자원을 말한다.

⑤ 사회기반시설은 국가의 기반을 형성하기 위하여 대규모로 투자하여 건설하고 그 경제적 효과가 장기간에 걸쳐 나타나는 자산으로서, 도로, 철도, 항만, 댐, 공항, 하천, 상수도, 국가어항, 기타 사회기반시설 및 건설 중인 사회기반시설 등을 말한다.

02 다음 중 「국가회계기준에 관한 규칙」에서 정하는 재정상태표에 관한 설명으로 옳은 것은?

① 자산, 부채 및 순자산은 순액으로 표시한다. 이 경우 자산 항목과 부채 또는 순자산 항목을 상계함으로써 그 전부 또는 일부를 재정상태표에서 제외할 수 있다.

② 현재 세대와 미래 세대를 위하여 정부가 영구히 보존하여야 할 자산으로서 역사적, 자연적, 문화적, 교육적 및 예술적으로 중요한 가치를 갖는 자산은 자산으로 인식하지 아니하고 그 종류와 현황 등을 별도의 장부에 기록하여야 한다.

③ 부채는 국가회계실체가 부담하는 현재의 의무 중 향후 그 이행을 위하여 지출이 발생할 가능성이 매우 높고 그 금액을 신뢰성 있게 측정할 수 있을 때 인식한다.

④ 부채는 유동부채, 장기차입부채 및 기타 비유동부채로 분류한다.

⑤ 순자산은 자산에서 부채를 뺀 금액을 말하며, 고정순자산, 특정순자산 및 일반순자산으로 분류한다.

03 다음 설명 중 「지방자치단체 회계기준에 관한 규칙」에서 정하는 재정상태표에 대한 설명으로 옳은 것은?

① 고정순자산은 일반유형자산, 주민편의시설, 사회기반시설 및 투자자산의 투자액에서 그 시설의 투자재원을 마련할 목적으로 조달한 장기차입금 및 지방채증권 등을 뺀 금액으로 한다.

② 자산은 유동자산, 투자자산, 일반유형자산, 사회기반시설, 무형자산 및 기타비유동자산으로 구분하여 재정상태표에 표시한다.

③ 자산은 과거의 거래나 사건의 결과로 현재 회계실체가 소유(실질적으로 소유하는 경우를 포함한다) 또는 통제하고 있는 자원으로서 미래에 공공서비스를 제공할 수 있거나 직접적 또는 간접적으로 경제적 효익을 창출하거나 창출에 기여할 가능성이 매우 높은 자원을 말한다.

④ 자산은 공공서비스의 잠재력을 창출하거나 미래의 경제적 효익이 회계실체에 유입될 것이 거의 확실하고 그 금액을 신뢰성 있게 측정할 수 있을 때에 인식한다.

⑤ 기본순자산은 고정순자산과 특정순자산을 제외한 나머지 금액을 말한다.

04 다음 설명 중 「지방자치단체 회계기준에 관한 규칙」에서 정하는 재정상태표에 대한 설명으로 옳지 않은 것은?

① 일반유형자산은 공공서비스의 제공을 위하여 1년 이상 반복적 또는 계속적으로 사용되는 자산으로서 토지, 건물, 전비품, 입목 등을 말한다.

② 가지급금이나 가수금 등의 미결산항목은 그 내용을 나타내는 적절한 과목으로 표시하고, 비망계정은 재정상태표의 자산 또는 부채항목으로 표시하지 아니한다.

③ 부채는 회계실체가 부담하는 현재의 의무를 이행하기 위하여 경제적 효익이 유출될 것이 거의 확실하고 그 금액을 신뢰성 있게 측정할 수 있을 때에 인식한다.

④ 기타비유동부채는 유동부채와 장기차입부채에 속하지 아니하는 부채로서 퇴직급여충당부채, 장기예수보증금, 장기선수수익 등을 말한다.

⑤ 문화재, 예술작품, 역사적 문건 및 자연자원은 자산으로 인식하지 아니하고 필수보충정보의 관리책임자산으로 보고한다.

05 다음 중 「국가회계기준에 관한 규칙」에서 정하는 재정상태표에 관한 설명으로 옳지 않은 것은?

CPA 2012

① 자산과 부채는 유동성이 높은 항목부터 배열한다.

② 국가안보와 관련된 자산은 기획재정부장관과 협의하여 자산으로 인식하지 아니할 수 있다.

③ 일반유형자산에는 국가의 기반을 형성하기 위하여 대규모로 투자하여 건설하고 그 경제적 효과가 장기간에 걸쳐 나타나는 철도, 항만, 댐, 공항 등이 포함된다.

④ 부채는 국가회계실체가 부담하는 현재의 의무 중 향후 그 이행을 위하여 지출이 발생할 가능성이 매우 높고 그 금액을 신뢰성 있게 측정할 수 있을 때 인식한다.

⑤ 순자산은 자산에서 부채를 뺀 금액을 말하며, 기본순자산, 적립금 및 잉여금, 순자산조정으로 구분한다.

06 다음의 자료를 이용하여 지방자치단체의 재정상태보고서에 표시될 순자산 항목의 금액을 올바르게 표시한 것은? CPA 2014

• 자산총계	₩1,900,000
• 부채총계	1,000,000
• 일반유형자산, 주민편의시설, 사회기반시설투자액	900,000
• 무형자산투자액	200,000
• 일반유형자산 등의 투자재원을 위해 조달된 차입금	450,000
• 적립성기금의 원금	150,000

	고정순자산	특정순자산	일반순자산
①	₩650,000	₩50,000	₩200,000
②	₩450,000	₩150,000	₩300,000
③	₩650,000	₩150,000	₩100,000
④	₩650,000	₩0	₩250,000
⑤	₩450,000	₩0	₩450,000

07 다음 중 「국가회계기준에 관한 규칙」에 대한 설명으로 옳은 것은? CPA 2018

① 국가회계실체란 「국가재정법」에 따른 일반회계, 특별회계 및 기금으로서 개별 회계실체, 유형별 회계실체 및 통합 회계실체로 구분된다.

② 재무제표는 국가가 공공회계책임을 적절히 이행하였는지를 평가하는 데 필요한, 당기의 수입이 당기의 서비스를 제공하기에 충분하였는지 또는 미래의 납세자가 과거에 제공된 서비스에 대한 부담을 지게 되는지에 대한 기간 간 형평성에 관한 정보를 제공하여야 한다.

③ 재무제표의 양식, 과목 및 회계용어는 이해하기 쉽도록 간단명료하게 표시하여야 하므로, 자산 항목과 부채 또는 순자산 항목을 상계하여 간결하게 표시하여야 한다.

④ 자산은 유동자산, 투자자산, 일반유형자산, 국민편의시설, 사회기반시설 및 기타 비유동자산으로 구분하여 재정상태표에 표시한다.

⑤ 자산은 공용 또는 공공용으로 사용되는 등 공공서비스를 제공할 수 있거나 직접적 또는 간접적으로 경제적 효익을 창출하거나 창출에 기여할 가능성이 매우 높고 그 가액을 신뢰성 있게 측정할 수 있을 때에 인식한다.

08 다음은 일반회계로만 구성된 중앙관서 A의 자료이다. 제시된 자료만을 이용하여 계산된 재정상태표에 표시될 기말시점 기본순자산은 얼마인가?

• 기말 자산총계	₩3,000,000
• 기말 부채총계	1,600,000
• 순자산변동표의 기초 적립금및잉여금	200,000
• 순자산변동표의 기초 순자산조정	100,000
• 재정운영표의 재정운영결과	(100,000)
• 순자산변동표의 조정항목(투자증권평가이익)	250,000
• 순자산변동표의 재원의 조달 및 이전	250,000

① ₩350,000   ② ₩400,000   ③ ₩450,000

④ ₩500,000   ⑤ ₩550,000

01 ④ 자산은 과거의 거래나 사건의 결과로 현재 국가회계실체가 소유(실질적으로 소유하는 경우를 포함한다) 또는 통제하고 있는 자원으로서, 미래에 공공서비스를 제공할 수 있거나 직접 또는 간접적으로 경제적 효익을 창출하거나 창출에 기여할 것으로 기대되는 자원을 말한다.

02 ③ ① 자산, 부채 및 순자산은 총액으로 표시한다. 이 경우 자산 항목과 부채 또는 순자산 항목을 상계함으로써 그 전부 또는 일부를 재정상태표에서 제외해서는 아니 된다.
② 현재 세대와 미래 세대를 위하여 정부가 영구히 보존하여야 할 자산으로서 역사적, 자연적, 문화적, 교육적 및 예술적으로 중요한 가치를 갖는 자산(이하 "유산자산"이라 한다)은 자산으로 인식하지 아니하고 그 종류와 현황 등을 필수보충정보로 공시한다.
④ 부채는 유동부채, 장기차입부채, 장기충당부채 및 기타 비유동부채로 구분하여 재정상태표에 표시한다.
⑤ 순자산은 자산에서 부채를 뺀 금액을 말하며, 기본순자산, 적립금 및 잉여금, 순자산조정으로 구분한다.

03 ③ ① 고정순자산은 일반유형자산, 주민편의시설, 사회기반시설 및 무형자산의 투자액에서 그 시설의 투자재원을 마련할 목적으로 조달한 장기차입금 및 지방채증권 등을 뺀 금액으로 한다.
② 자산은 유동자산, 투자자산, 일반유형자산, 주민편의시설, 사회기반시설, 기타비유동자산으로 분류한다.
④ 자산은 미래에 공공서비스를 제공할 수 있거나 직접적 또는 간접적으로 경제적 효익을 창출하거나 창출에 기여할 가능성이 매우 높고 그 가액을 신뢰성 있게 측정할 수 있을 때에 인식한다.
⑤ 일반순자산은 고정순자산과 특정순자산을 제외한 나머지 금액을 말한다.

04 ① 일반유형자산은 공공서비스의 제공을 위하여 1년 이상 반복적 또는 계속적으로 사용되는 자산으로서 토지, 건물, 입목 등을 말한다. 전비품은 국가회계의 일반유형자산이다.

05 ③ 일반유형자산은 고유한 행정활동에 1년 이상 사용할 목적으로 취득한 자산(제14조에 따른 사회기반시설은 제외한다)으로서, 토지, 건물, 구축물, 기계장치, 집기·비품·차량운반구, 전비품, 기타 일반유형자산 및 건설 중인 일반유형자산 등을 말한다. 사회기반시설은 국가의 기반을 형성하기 위하여 대규모로 투자하여 건설하고 그 경제적 효과가 장기간에 걸쳐 나타나는 자산으로서, 도로, 철도, 항만, 댐, 공항, 하천, 상수도, 국가어항, 기타 사회기반시설 및 건설 중인 사회기반시설 등을 말한다.

06 ③ (1) 순자산 = 자산 - 부채 = 1,900,000 - 1,000,000 = 900,000
(2) 고정순자산
= 일반유형자산, 주민편의시설, 사회기반시설 및 무형자산의 투자액 - 그 시설의 투자재원을 마련할 목적으로 조달한 장기차입금 및 지방채증권 등
= 900,000 + 200,000 - 450,000 = 650,000
(3) 특정순자산
= 채무상환목적이나 적립성기금의 원금과 같이 그 사용목적이 특정되어 있는 재원과 관련된 순자산
= 150,000
(4) 일반순자산
= 순자산 - 고정순자산 - 특정순자산
= 900,000 - 650,000 - 150,000 = 100,000

07 ⑤ ① 국가회계실체란 「국가재정법」 제4조에 따른 일반회계, 특별회계 및 같은 법 제5조에 따른 기금으로서 중앙
관서별로 구분된 것을 말한다. 지방자치단체 회계실체와는 달리 개별 회계실체, 유형별 회계실체, 통합 회계
실체로 구분하지 않는다.

② 재무제표는 국가가 공공회계책임을 적절히 이행하였는지를 평가하는 데 필요한 국가의 재정상태 및 그 변동
과 재정운영결과에 관한 정보, 국가사업의 목적을 능률적, 효과적으로 달성하였는지에 관한 정보, 예산과 그
밖에 관련 법규의 준수에 관한 정보를 제공하여야 한다.

③ 자산, 부채 및 순자산은 총액으로 표시한다. 이 경우 자산 항목과 부채 또는 순자산 항목을 상계함으로써 그
전부 또는 일부를 재정상태표에서 제외해서는 아니 된다.

④ 자산은 유동자산, 투자자산, 일반유형자산, 사회기반시설, 무형자산 및 기타 비유동자산으로 구분하여 재정상
태표에 표시한다.

08 ④ (1) 기말 순자산 = 자산 - 부채 = 3,000,000 - 1,600,000 = 1,400,000
(2) 기말 적립금및잉여금 = 200,000 + 100,000 + 250,000 = 550,000
(3) 기말 순자산조정 = 100,000 + 250,000 = 350,000
(4) 기말 기본순자산 = 기말 순자산 - 기말 적립금및잉여금 - 기말 순자산조정
= 1,400,000 - 550,000 - 350,000 = 500,000

해커스 김영훈 정부회계

Chapter 04

재정운영표

제1절 | 수익

01 수익에 대한 일반사항

(1) 수익의 정의와 구분

국가회계기준에 관한 규칙(제28조)	지방자치단체 회계기준에 관한 규칙(제27조, 제28조)
(1) 수익의 정의 수익은 국가의 재정활동과 관련하여 ⊙ 재화 또는 용역을 제공한 대가로 발생하거나, ⓒ 직접적인 반대급부 없이 법령에 따라 납부의무가 발생한 금품의 수납 또는 자발적인 기부금 수령 등에 따라 발생하는 ⓒ 순자산의 증가를 말한다. CPA 21, 24	(1) 수익의 정의 ① 수익은 ⊙ 자산의 증가 또는 부채의 감소를 초래하는 ⓒ 회계연도 동안의 거래로 생긴 순자산의 증가를 말한다. CPA 20 ② 다만, ⊙ 「공유재산 및 물품 관리법」에 따른 회계 간의 재산 이관, ⓒ 같은 법에 따른 물품 소관의 전환, ⓒ 기부채납 등으로 생긴 순자산의 증가는 수익에 포함하지 아니한다. CPA 14, 20, 23 → 순자산변동표에 표시된다.
(2) 수익의 구분 수익은 그 원천에 따라 다음과 같이 구분한다. ① 교환수익: 재화나 용역을 제공한 대가로 발생하는 수익 ② 비교환수익: 직접적인 반대급부 없이 발생하는 국세, 부담금, 기부금, 무상이전 및 제재금 등의 수익 CPA 22	(2) 수익의 구분 ① 교환거래로 생긴 수익: 재화나 서비스 제공의 반대급부로 생긴 사용료, 수수료 등 CPA 19 ② 비교환거래로 생긴 수익: 직접적인 반대급부 없이 생기는 지방세, 보조금, 기부금 등 CPA 15, 22

(2) 수익의 인식기준

국가회계기준에 관한 규칙(제29조)	지방자치단체 회계기준에 관한 규칙(제28조)
① 교환수익: ⊙ 수익창출활동이 끝나고 ⓒ 그 금액을 합리적으로 측정할 수 있을 때에 인식한다. CPA 24 ② 비교환수익: ⊙ 해당 수익에 대한 청구권이 발생하고 ⓒ 그 금액을 합리적으로 측정할 수 있을 때에 인식한다.	① 교환거래로 생긴 수익은 ⊙ 수익창출활동이 끝나고 ⓒ 그 금액을 합리적으로 측정할 수 있을 때에 인식한다. CPA 19 ② 비교환거래로 생긴 수익은 ⊙ 해당 수익에 대한 청구권이 발생하고 ⓒ 그 금액을 합리적으로 측정할 수 있을 때에 인식한다. CPA 15, 22

02 국가회계의 세부 수익인식기준

(1) 비교환수익의 세부 수익인식기준(「국가회계기준에 관한 규칙」 제29조, 비교환수익 회계처리지침)

① 신고·납부하는 방식의 국세
   a. 납세의무자가 세액을 자진신고하는 때에 수익으로 인식한다. CPA 17
   b. 다만, 납세의무자가 원천징수, 중간예납 등으로 이미 국세 중 일부를 납부한 경우 신고한 금액에서 이를 차감한 금액을 수익으로 인식한다. CPA 17

② 정부가 부과하는 방식의 국세
   a. 국가가 고지하는 때에 수익으로 인식한다. CPA 17
   b. 만일 국가가 고지하기 전에 납세의무자가 국세를 납부하는 경우에는 부채(기타의 선수수익)로 인식한다.
③ 원천징수하는 국세: 원천징수의무자가 원천징수한 금액을 신고·납부하는 때에 수익으로 인식한다. CPA 17
④ 연부연납(年賦延納) 또는 분납이 가능한 국세: 징수할 세금이 확정된 때에 그 납부할 세액 전체를 수익으로 인식한다.
⑤ 국세를 물납으로 받은 경우: 취득한 부동산과 유가증권 등의 공정가액이 아닌 신고하거나 고지한 금액을 국세수익으로 인식한다.
⑥ 부담금수익, 기부금수익, 무상이전수입, 제재금수익 등(국세 이외의 기타 비교환수익)
   a. [원칙] 청구권 등이 확정된 때에 그 확정된 금액을 수익으로 인식한다. CPA 16, 24
   b. 다만, 제재금수익 중 벌금, 과료, 범칙금 또는 몰수품으로서 청구권이 확정된 때나 몰수품을 몰수한 때에 그 금액을 확정하기 어려운 경우에는 ㉠ 벌금, 과료 또는 범칙금이 납부되거나 ㉡ 몰수품이 처분된 때에 수익으로 인식할 수 있다. CPA 17

구분		수익인식	
제재금수익	벌금, 과료, 범칙금	원칙	청구권이 확정된 때
		예외	납부된 때
	몰수품	원칙	몰수한 때
		예외	처분된 때

(2) 교환수익의 세부 수익인식기준(교환수익 회계처리지침)

① 재화판매수익: 재화판매의 경우 일반적으로 소유에 따른 위험과 효익의 이전은 법적 소유권의 이전 또는 재화의 물리적 이전과 동시에 일어나므로, 재화의 인도시점에 수익을 인식한다.
② 용역제공수익: 용역제공거래의 성과를 신뢰성 있게 추정할 수 있을 때 진행기준에 따라 인식한다.
③ 사용료수익
   a. 기간단위의 계약에 의하여 사용하는 경우 기간배분에 따라 인식한다.
   b. 입장료수입 등 1회성으로 사용하는 대가로 즉시 대금을 수취하는 경우에는 수납시점에 수익을 인식한다.
④ 수수료수익
   a. 관련된 계약의 경제적 실질을 반영하여 발생기준에 따라 수익을 인식한다.
   b. 증명발급에 따른 수수료와 고시수수료 등의 경우 기간단위의 계약이 아니라 1회성으로 발생하는 대가로 사용 즉시 대금을 수취하는 경우에는 수납시점에 수익을 인식한다.
⑤ 이자수익: 이자수익은 수익금액을 신뢰성 있게 측정할 수 있고 경제적 효익의 유입 가능성이 매우 높은 경우 수익을 인식한다. 이에 따라 대손 발생가능성이 있을 경우 수익을 인식하지 아니한다.
⑥ 배당금수익: 배당금을 받을 권리와 금액이 확정되는 시점에 수익을 인식하며, 주식배당액은 수익으로 인식하지 아니한다.
⑦ 보험차익: 보험회사로부터 지급받을 보험금이 확정되는 시점에 수익을 인식한다.

03 지방자치단체회계의 세부 수익인식기준

(1) 비교환수익(지방세수익)의 세부 수익인식기준(지방자치단체 복식부기·재무회계 운영규정)

① 부과고지(보통징수[1])방식의 지방세수익: 징수결정 시점에 인식한다.

② 신고납부방식[2]의 지방세수익

    a. 보통징수방식과 마찬가지로 징수결정 시점에 수익이 실현되는 것으로 한다.

    b. 징수결의 이전의 수납시점에서는 수납금액을 부채(선수지방세)로 계상한다.

③ 특별징수방식[3]의 지방세수익

    a. 신고납부방식의 지방세수익과 같은 방법으로 회계처리한다. → 즉, 징수결정 시점

    b. 연부연납이나 분납이 가능한 세액의 경우에는 일단 해당 세금 전체를 수익으로 인식하고, 연부연납이나 분납으로 납기가 이연된 금액은 미수세금으로 계상한다.

(2) 교환수익의 세부 수익인식기준(지방자치단체 복식부기·재무회계 운영규정)

재화나 서비스를 제공하고 그에 대한 반대급부로 발생하는 사용료, 수수료 등 세외수익의 인식기준은 일반적으로 재화를 판매하는 때에는 판매하여 인도하는 시점에, 서비스를 제공하는 때에는 서비스 제공이 완료된 시점에 수익을 인식한다.

---

1) 보통징수방법은 세무공무원이 납세고지서를 해당 납세의무자에게 교부하여 지방세를 징수하는 것을 말한다. 대표적인 지방세로 재산세, 자동차세(보유분), 주민세(균등분)가 있다.

2) 신고납부방법은 납세의무자가 그 납부할 지방세의 과세표준액과 세액을 신고하고 동시에 신고한 세금을 납부하는 것을 말한다. 대표적인 지방세로 취득세, 등록면허세, 지방소득세, 레저세, 담배소비세, 지방교육세, 주민세(재산분), 지방소비세 등이 있다.

3) 특별징수방법은 지방세의 징수에 있어서 그 징수의 편의가 있는 자로 하여금 징수시키고 그 징수한 세금을 납입하게 하는 것을 말한다. 각 지방세와 관련한 특별징수분이 이에 해당한다.

제2절 | 비용

01 비용에 대한 일반사항

(1) 비용의 정의

국가회계기준에 관한 규칙(제30조)	지방자치단체 회계기준에 관한 규칙(제27조)
비용은 ⊙ 국가의 재정활동과 관련하여 재화 또는 용역을 제공하여 발생하거나, ⓒ 직접적인 반대급부 없이 발생하는 자원 유출이나 사용 등에 따른 ⓒ 순자산의 감소를 말한다.	① 비용은 ⊙ 자산의 감소나 부채의 증가를 초래하는 ⓒ 회계연도 동안의 거래로 생긴 순자산의 감소를 말한다. **CPA 24** ② 다만, ⊙ 회계 간의 재산 이관, ⓒ 물품 소관의 전환 등으로 생긴 순자산의 감소는 비용에 포함하지 아니한다. → 순자산변동표에 표시된다. **CPA 24**

(2) 비용의 인식기준

국가회계기준에 관한 규칙(제30조)	지방자치단체 회계기준에 관한 규칙(제28조)
비용은 다음 각 기준에 따라 인식한다. ① ⊙ 재화나 용역의 제공 등 국가재정활동 수행을 위하여 자산이 감소하고 ⓒ 그 금액을 합리적으로 측정할 수 있을 때에 비용으로 인식한다. ② ⊙ 법령 등에 따라 지출에 대한 의무가 존재하고 ⓒ 그 금액을 합리적으로 측정할 수 있을 때에 비용으로 인식한다. ③ 과거에 자산으로 인식한 자산의 미래 경제적 효익이 감소 또는 소멸한 때에 비용으로 인식한다. ④ 자원의 지출 없이 부채가 발생 또는 증가한 것이 명백한 때에 비용으로 인식한다.	① 교환거래에 따르는 비용은 반대급부로 발생하는 급여, 지급수수료, 임차료, 수선유지비 등으로서 대가를 지급하는 조건으로 ⊙ 민간부문이나 다른 공공부문으로부터 재화와 서비스의 제공이 끝나고 ⓒ 그 금액을 합리적으로 측정할 수 있을 때에 인식한다. ② 비교환거래에 의한 비용은 직접적인 반대급부 없이 발생하는 보조금, 기부금 등으로서 ⊙ 가치의 이전에 대한 의무가 존재하고 ⓒ 그 금액을 합리적으로 측정할 수 있을 때에 인식한다. **CPA 23**

제3절 | 재정운영표 총칙

01 재정운영표의 개념 및 작성기준

국가회계기준에 관한 규칙(제24조, 제31조, 제27조)	지방자치단체 회계기준에 관한 규칙 (제26조, 제29조의2, 제29조)
(1) 재정운영표의 개념 　재정운영표는 회계연도 동안 수행한 정책 또는 사업의 원가와 재정운영에 따른 원가의 회수명세 등을 포함한 재정운영결과를 나타내는 재무제표를 말한다.	(1) 재정운영표의 개념 　재정운영표는 회계연도 동안 회계실체가 수행한 사업의 원가와 회수된 원가 정보를 포함한 재정운영결과를 나타내는 재무제표를 말한다.　CPA 15
(2) 원가의 개념 　원가는 중앙관서의 장 또는 기금관리주체가 프로그램의 목표를 달성하고 성과를 창출하기 위하여 직접적·간접적으로 투입한 경제적 자원의 가치를 말한다.　CPA 21	(2) 원가의 개념 　원가는 회계실체가 사업의 목표를 달성하고 성과를 창출하기 위하여 직접적·간접적으로 투입한 경제적 자원의 가치를 말한다.
(3) 재정운영표의 작성기준 　재정운영표의 모든 수익과 비용은 발생주의 원칙에 따라 거래나 사실이 발생한 기간에 표시한다.	(3) 재정운영표의 작성기준 　① 재정운영표의 모든 수익과 비용은 발생주의 원칙에 따라 거래나 사실이 발생한 기간에 표시한다. 　② 수익과 비용은 그 발생원천에 따라 명확하게 분류하여야 하며, 해당 항목의 중요성에 따라 별도의 과목으로 표시하거나 다른 과목과 통합하여 표시할 수 있다. 이 경우 해당 항목의 중요성은 금액과 질적 요소를 고려하여 판단하여야 한다.

02 재정운영표의 구분 표시

국가회계기준에 관한 규칙(제24조)	지방자치단체 회계기준에 관한 규칙(제26조)
(1) 중앙관서 또는 기금의 재정운영표(p.46 참조) 　　　　프로그램순원가　　　××× 　(+)　관리운영비　　　　　××× 　(+)　비배분비용　　　　　××× 　(-)　비배분수익　　　　　(×××) 　　　　재정운영순원가　　　××× 　(-)　비교환수익 등　　　　(×××) 　　　　재정운영결과　　　　××× (2) 국가의 재정운영표(p.47 참조) 　중앙관서 또는 기금의 재정운영표를 통합하여 작성한다. 　　　　재정운영순원가　　　××× 　(-)　비교환수익 등　　　　(×××) 　　　　재정운영결과　　　　×××	(1) 지방자치단체의 재정운영표(p.53 참조) 　　　　사업순원가　　　　　××× 　(+)　관리운영비　　　　　××× 　(+)　비배분비용　　　　　××× 　(-)　비배분수익　　　　　(×××) 　　　　재정운영순원가　　　××× 　(-)　일반수익　　　　　　(×××) 　　　　재정운영결과　　　　××× ※ 다른 재무제표(재정상태표, 순자산변동표, 현금흐름표)와는 달리 다열식 형식으로 되어 있지 않기 때문에, 일반회계의 재정운영표, 개별 회계실체(일반회계는 제외)의 재정운영표를 필수보충정보로 제공한다.

제4절 | 국가회계기준의 재정운영표

01 중앙관서 또는 기금의 재정운영표

(1) 재정운영표 양식(「국가회계기준에 관한 규칙」 제25조)

Ⅰ. 프로그램순원가	① 프로그램순원가
(1) 프로그램(A)	= 프로그램총원가 - 프로그램수익
	= (프로그램 투입원가 + 배부받은 원가 - 배부한 원가) - 프로그램수익
(2) 프로그램(B)	② 프로그램순원가는 각 프로그램별로 구분하여 표시한다.
:	
(+) Ⅱ. 관리운영비	: 기관운영비와 같이 기관의 여러 정책이나 사업, 활동을 지원하는 비용
	(기업특별회계, 기금회계: 관리업무비)
(1) 인건비	
(2) 경비	
:	
(+) Ⅲ. 비배분비용	: 국가회계실체에서 발생한 비용 중 프로그램에 대응되지 않는 비용
(1) 자산처분손실	
(2) 기타비용	
:	
(-) Ⅳ. 비배분수익	: 국가회계실체에서 발생한 수익 중 프로그램에 대응되지 않는 수익
(1) 자산처분이익	
(2) 기타수익	
:	
Ⅴ. 재정운영순원가	
(-) Ⅵ. 비교환수익 등	
(1) 부담금수익	① 기업특별회계, 기금에서 발생한 비교환수익 등만 표시된다.
(2) 제재금수익	② 일반회계, 기타특별회계에서 발생한 비교환수익 등은 순자산변동표의 '재원의 조
(3) 사회보험수익	달 및 이전'란에 표시한다.
(4) 채무면제이익	③ 국세수익은 표시되지 않는다.
(5) 기타비교환수익	
(6) 기타재원조달및이전	
Ⅶ. 재정운영결과	

① 중앙관서 또는 기금의 재정운영표는 ㉠ 프로그램순원가, ㉡ 재정운영순원가, ㉢ 재정운영결과로 구분하여 표시한다. CPA 13

② 프로그램순원가는 ㉠ 프로그램을 수행하기 위하여 투입한 원가 합계에서 ㉡ 다른 프로그램으로부터 배부받은 원가를 더하고, ㉢ 다른 프로그램에 배부한 원가는 빼며, ㉣ 프로그램 수행과정에서 발생한 수익 등을 빼서 표시한다. CPA 13

> 프로그램순원가 = (프로그램 투입원가 + 배부받은 원가 - 배부한 원가) - 프로그램수익
> = 프로그램총원가 - 프로그램수익

프로그램수익(원가계산에 관한 지침)

1. 프로그램이란 동일한 정책목표를 달성하기 위한 단위사업의 묶음을 의미하며, 정책적으로 독립성을 지닌 최소단위를 의미한다.

2. 프로그램수익이란 특정 프로그램의 운영에 따라 재화나 용역을 제공한 대가로 발생하는 수익으로, 프로그램원가에서 차감할 수익을 말한다.

   예 ① 재화 및 용역제공수익(면허료 및 수수료, 용수수입, 입학금 및 수업료, 항공·항만 및 용수수입, 병원수입 등을 포함), ② 연금수익, ③ 보험수익 및 보증수익, ④ 수입대체 경비수입에 해당하는 수익 등

3. 프로그램순원가는 국가회계실체가 해당 프로그램을 수행하기 위하여 순수하게 투입한 원가로 각 개별 프로그램을 수행하는 데 경상적으로 소요되는 순원가를 말하며, 징수하여야 할 국세나 부담금 등에 대한 정보를 제공한다. **CPA 22**

4. 재정운영순원가는 해당 국가회계실체의 재정활동에 소요되는 순원가 정보를 제공한다. **CPA 22**

③ 재정운영순원가는 ㉠ 프로그램순원가에서 ㉡ 관리운영비 및 ㉢ 비배분비용은 더하고, ㉣ 비배분수익은 빼서 표시한다. **CPA 13**

> 재정운영순원가 = 프로그램순원가 + 관리운영비 + 비배분비용 - 비배분수익

a. **관리운영비**: 기관운영비와 같이 기관의 여러 정책이나 사업, 활동을 지원하는 비용(「정부기업예산법」에 따른 특별회계나 기금의 경우에는 관리업무비를 말한다)

   예 인건비, 경비

b. **비배분비용**: 국가회계실체에서 발생한 비용 중 프로그램에 대응되지 않는 비용

   예 이자비용, 자산처분손실, 자산평가손실, 자산감액손실 등

c. **비배분수익**: 국가회계실체에서 발생한 수익 중 프로그램에 대응되지 않는 수익

   예 이자수익, 자산처분이익, 자산평가이익, 자산감액손실환입 등

관리운영비(원가계산에 관한 지침)

1. 관리운영비란 프로그램의 운영에 직접적으로 소요되지는 않으나 기관의 기본적인 기능수행 및 특정 사업의 행정운영과 관련한 인건비와 경비를 말한다. 기업특별회계(책임운영기관특별회계를 포함)나 기금의 경우에는 그 기관의 기능수행을 위한 관리업무비를 말한다.

2. 관리운영비는 다음 항목으로 구분하여 표시한다.
   ① 인건비: 급여 및 퇴직급여
   ② 경비: 복리후생비, 소모품비, 인쇄비, 광고선전비, 지급수수료, 연구개발비, 세금과공과, 수도광열비, 피복비와 급량비, 지급임차료, 유류비, 수선유지비, 여비교통비, 업무추진비, 감가상각비, 기타비용 등

④ 재정운영결과는 재정운영순원가에서 비교환수익 등을 빼서 표시한다. 다만, 「국고금 관리법 시행령」에 따라 통합관리하는 일반회계 및 특별회계의 자금에서 발생하는 비교환수익 등은 순자산변동표의 재원의 조달 및 이전란에 표시한다. **CPA 13**

> 재정운영결과 = 재정운영순원가 - 비교환수익 등

a. 재정운영결과가 (+)인 경우에는 순자산의 감소를 의미하기 때문에, 순자산변동표의 기초순자산에서 차감하여 표시한다.

b. 재정운영결과가 (-)인 경우에는 순자산의 증가를 의미하기 때문에, 순자산변동표의 기초순자산에서 가산하여 표시한다.

참고 Plus 비교환수익 등

1. 비교환수익(비교환수익 회계처리지침)

   (1) 국세수익

   국가의 재정수입을 위하여 국가가 징수하는 내국세와 관세를 말한다.

   (2) 부담금수익

   「부담금관리 기본법」 등 법률에 따라 금전적 부담의 부과권한이 부여된 국가회계실체가 분담금, 부과금, 예치금, 기여금 그 밖의 명칭에 불구하고 재화 또는 용역의 제공과 관계없이 특정 공익사업과 관련하여 법률에서 정하는 바에 따라 부과하는 조세 외의 금전지급의무(특정한 의무이행을 담보하기 위한 예치금 또는 보증금의 성격을 가진 것은 제외한다)에 따라 발생하는 수익을 말한다.

   (3) 제재금수익

   법이나 규정 등을 위반한 자에게 부담시켜 지급의무를 발생시키는 수익을 말한다.
   예 변상금수익, 위약금수익, 가산금수익, 벌금수익, 몰수금수익

   (4) 사회보험수익

   「고용보험 및 산업재해보상보험의 보험료징수 등에 관한 법률」에 따라 근로자 및 사업주로부터 납부받는 보험금수익을 말한다.

   (5) 채무면제이익

   채무액의 전부 또는 일부를 면제받아 원래 지급하여야 할 원리금보다 적은 금액을 지급함에 따라 발생하는 이익을 말한다.

   (6) 기타비교환수익

   국세수익, 부담금수익, 제재금수익, 사회보험수익, 채무면제이익을 제외한 각종 비교환수익을 말한다.

   (7) 기타재원조달및이전

   ① 무상이전수입: 일반회계, 특별회계와 기금으로부터 무상으로 받는 자금(일반회계전입금, 특별회계전입금, 기금전입금), 정부내자산수증, 정부외자산수증, 정부외기부금, 농특세이전수입 및 주세이전수입 등을 통한 순자산의 증가를 말한다.

   ② 기타재원조달: 국가회계실체가 부담하여야 하는 자원의 유출을 다른 국가회계실체가 대신 부담하는 경우와 순자산의 증감효과를 발생시키는 거래 중 위에서 언급한 수익을 제외한 각종 재원조달거래를 말한다.

2. 재원의 이전(비용 회계처리지침)

   재원의 이전이란 순자산의 감소효과가 발생하거나 순자산에 영향을 미치지 않는 중앙관서 간의 무상이전거래를 말한다.

   (1) 국고이전지출

   일반회계 및 특별회계의 수익 중 수납되어 국고금회계로 이전된 수입금을 말한다.

   (2) 세출예산지출액

   각 정부부처에 대한 정부의 예산배정 후 실제 집행 시 국고금회계에서 사용하는 계정을 말한다.

   (3) 무상이전지출

   정부내부거래로서 일반회계, 특별회계 및 기금에 무상으로 제공하는 자금(일반회계전출금, 기타특별회계전출금, 기업특별회계전출금, 기금전출금), 국고금회계전출금, 정부내자산기부 등을 통한 순자산의 감소를 말한다.

   (4) 기타재원이전

   순자산의 감소효과를 발생시키는 거래 중 국고이전지출, 세출예산지출액, 무상이전지출을 제외한 각종 재원의 이전거래를 말한다.

(2) 재정운영표 작성체계

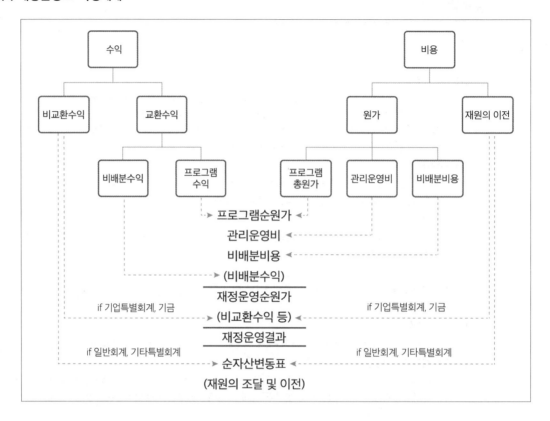

(3) 교환수익 등의 재무제표 표시(교환수익 회계처리지침)

① 교환수익은 재정운영표상 '프로그램수익' 또는 '비배분수익' 항목으로 표시한다.
② 다만, 다음의 평가이익은 순자산변동표의 순자산조정 항목으로 표시한다.
    a. 투자증권평가이익
    b. 현금흐름변동위험을 회피하기 위해 지정된 파생상품 계약에서 발생하는 파생상품평가이익 중 위험회피에 효과적인 부분
    c. 자산재평가이익

(4) 비교환수익 등의 재무제표 표시(비교환수익 회계처리지침)

① 국세수익의 표시
    a. 국가회계실체 및 중앙관서의 재무제표 작성 시에는 "국세수익"을 필수보충정보 중 국세징수활동표에 표시한다.
    b. 국가의 재무제표 작성 시에는 "국세수익"을 재정운영표에 표시한다.

② 국세수익 이외의 비교환수익(납입자본금 제외)의 표시

  a. 국가회계실체의 재무제표

    ㄱ. **행정형 회계**: 일반회계 및 기타특별회계의 비교환수익 등은 순자산변동표의 '재원의 조달 및 이전'란에 표시한다. CPA 22

> 재정운영결과 = 재정운영순원가 (일치함)

    ㄴ. **사업형 회계**: 기업특별회계(책임운영기관특별회계 포함) 및 기금의 비교환수익 등은 재정운영표의 '비교환수익 등'에 표시한다. CPA 22

> 재정운영결과 ≠ 재정운영순원가 (불일치함)

  b. **중앙관서의 재무제표**: 국가회계실체의 비교환수익을 통합하여 순자산변동표의 '재원의 조달 및 이전', 재정운영표의 '비교환수익 등'에 각각 표시한다.

  c. **국가의 재무제표**: 중앙관서의 비교환수익을 통합하여 재정운영표에 표시한다.

구분	국가회계실체 및 중앙관서의 재무제표				국가 재무제표
	일반회계	특별회계		기금	
		기타특별회계	기업특별회계		
국세수익	국제징수활동표		N/A		재정운영표의 '비교환수익 등'
국세 이외의 비교환수익	순자산변동표의 '재원의 조달 및 이전'		재정운영표의 '비교환수익 등'		

③ 기업특별회계(책임운영기관특별회계를 포함)의 납입자본금: 기업특별회계(책임운영기관특별회계를 포함)가 「정부기업예산법」에 따라 기본순자산을 증감시키는 경우에는 순자산변동표상 조정항목 중 "납입자본의 증감"에 반영한다.

(5) 비용의 재무제표 표시(비용 회계처리지침)

① 비용은 원가와 재원의 이전으로 구분된다.

  a. 원가로 구분하는 비용은 재화 및 용역제공원가, 인건비, 복리후생비 등으로 분류한다.

  b. 재원의 이전은 국고이전지출, 세출예산지출액, 무상이전지출, 기타재원이전으로 분류한다.

② 원가의 재무제표 표시

  a. 원가는 중앙관서의 장 또는 기금관리주체가 프로그램의 목표 달성 및 성과 창출을 위해 직접적·간접적으로 투입한 경제적 자원의 가치를 의미한다.

  b. 원가는 프로그램총원가와 관리운영비, 비배분비용으로 구분되어 재정운영표에 표시된다.

③ 재원의 이전의 재무제표 표시

  a. **행정형 회계**: 일반회계 및 기타특별회계의 재무제표는 순자산변동표상 '재원의 조달 및 이전' 항목에 반영된다.

  b. **사업형 회계**: 기업특별회계(책임운영기관특별회계를 포함) 및 기금의 재무제표는 재정운영표의 '비교환수익 등' 항목에 반영된다.

02 국가의 재정운영표

(1) 재정운영표 양식(「국가회계기준에 관한 규칙」 제26조)

	Ⅰ. 재정운영순원가	: 재정운영순원가는 각 중앙관서별로 구분하여 표시한다.
	(1) 중앙관서 A	
	(2) 중앙관서 B	
	⋮	
(-)	Ⅱ. 비교환수익 등	① 기업특별회계, 기금회계, 일반회계, 기타특별회계에서 발생한 모든 비교환수
	(1) 국세수익	익 등이 표시된다.
	(2) 부담금수익	② 국세수익이 표시된다.
	(3) 제재금수익	
	(4) 사회보험수익	
	(5) 채무면제이익	
	(6) 기타비교환수익	
	(7) 기타재원조달및이전	
	Ⅲ. 재정운영결과	

① 중앙관서 또는 기금의 재정운영표를 통합하여 작성하는 국가의 재정운영표는 내부거래를 제거하여 작성하되 ㉠ 재정운영순원가, ㉡ 비교환수익 등 및 ㉢ 재정운영결과로 구분하여 표시한다.
CPA 13, 15, 17, 19

② 재정운영순원가는 각 중앙관서별로 구분하여 표시된다. CPA 15, 17, 19

③ 재정운영결과는 ㉠ 재정운영순원가에서 ㉡ 비교환수익 등을 빼서 표시한다. CPA 13

> 재정운영결과 = 재정운영순원가 - 비교환수익 등

참고 Plus 재정운영표 관련 국가회계기준의 필수보충정보

① 국세징수활동표
② 수익·비용 성질별 재정운영표

---

(2) 비교환수익 등

① 국세징수활동표에 표시된 국세수익은 국가 재정운영표의 '비교환수익 등'의 국세수익으로 직접 표시한다. CPA 15

② 중앙관서 순자산변동표에 표시되는 재원의 조달 및 이전거래는 국가 재정운영표 작성 시에는 재정운영표상 '비교환수익 등'에 반영한다.

참고 Plus 원가계산에 관한 지침

1. 교환수익과 비교환수익의 구분집계

   수익은 교환수익과 비교환수익으로 구분하여 집계되어야 한다.

   (1) 교환수익은 재화나 용역을 제공한 대가로 발생하는 수익으로 프로그램 대응 여부에 따라 프로그램수익과 비배분수익으로 구분한다. 다만, 기획재정부장관이 정하는 연도 이전까지 일반회계는 수입대체경비수입에 해당하는 수익만을 프로그램수익으로 구분한다.

   ① 프로그램수익이란 특정 프로그램의 운영에 따라 재화나 용역을 제공한 대가로 발생하는 수익으로, 프로그램원가에서 차감할 수익을 말한다.

   ② 비배분수익은 국가회계실체에서 발생한 수익 중 프로그램에 대응되지 않는 수익을 말한다.

   (2) 비교환수익은 직접적인 반대급부 없이 발생하는 수익을 말하며, 행정형 회계의 비교환수익은 순자산변동표의 "재원의조달및이전"으로 표시하고, 사업형 회계의 비교환수익은 재정운영표의 "비교환수익 등"으로 표시한다.
   CPA 22

2. 행정운영성 경비와 직접원가의 구분

   (1) 행정지원프로그램은 조직의 기능수행과 행정지원을 위한 인건비와 운영경비를 별도로 집계한 프로그램을 의미하며, 이 프로그램으로 집계된 비용을 행정운영성 경비라 한다.

   (2) 행정운영성 경비는 자본적 지출에 해당하여 자산취득원가에 계상된 경우 등을 제외하고는 국가회계실체별로 다음과 같이 구분한다.

   ① 행정형 회계는 행정운영성 경비를 모두 관리운영비로 구분한다. **CPA 22**

   ② 사업형 회계는 사업의 수행과 직접적인 관련이 있으나 행정운영성 경비로 일괄적으로 집계되는 경우 간접원가와 관리운영비로 구분하여 간접원가를 프로그램별로 배부하여야 한다.

   (3) 직접원가는 특정 사업에 직접 소요된 원가를 말하며, 다음 항목을 포함할 수 있다.

   ① 특정 사업을 수행하는 데 직접적으로 소요되는 인건비, 지급수수료, 유류비, 수선유지비 등

   ② 특정 사업의 재화의 판매나 용역을 제공하는 데 사용된 재화 및 용역제공원가, 외주가공비, 특정 사업을 수행하는 데 사용한 장비의 감가상각비 등

   (4) 행정지원프로그램 이외의 프로그램으로 집계된 비용은 해당 프로그램의 직접원가에 해당하여 프로그램총원가로 구분한다.

3. 관리운영비와 간접원가의 구분

   (1) 관리운영비는 프로그램의 운영에 직접적으로 소요되지는 않으나 기관의 기본적인 기능수행 및 특정 사업의 행정운영과 관련한 인건비와 경비를 말한다. 기업특별회계(책임운영기관특별회계를 포함한다)나 기금의 경우에는 그 기관의 기능수행을 위한 관리업무비를 말한다.

   (2) 관리운영비는 다음 항목으로 구분하여 표시한다.

   ① 인건비: 급여 및 퇴직급여

   ② 경비: 복리후생비, 소모품비, 인쇄비, 광고선전비, 지급수수료, 연구개발비, 세금과공과, 수도광열비, 피복비와급량비, 지급임차료, 유류비, 수선유지비, 여비교통비, 업무추진비, 감가상각비, 기타비용 등

   (3) 간접원가는 사업의 수행과 관련하여 소요되었으나 특정 사업에 직접 부과하는 것이 불가능한 인건비, 지급임차료, 수선유지비 등의 원가를 말하며, 동일 부서의 다른 프로그램에서 발생한 간접원가(부서 내 간접원가)와 다른 부서에서 발생한 간접원가(부서 간 간접원가)로 구분된다. 간접원가 구분 시 사용된 '부서'란 일반회계, 특별회계 및 기금을 말한다.

   (4) 간접원가는 원가 집계 대상과의 인과관계 등 합리적 배부기준에 따라 해당 프로그램별로 배부한다.

01 재정운영표 양식(「지방자치단체 회계기준에 관한 규칙」 제26조)

Ⅰ. 사업순원가	= 총원가 - 사업수익
(1) 일반공공 행정	= (사업 투입원가 + 배부받은 원가 - 배부한 원가) - 사업수익
(2) 공공질서 및 안전	
:	
(+) Ⅱ. 관리운영비	: 조직의 일반적이고 기본적인 기능을 수행하는 데 필요한 인건비,
(1) 인건비	기본경비 및 운영경비
(2) 경비	
:	
(+) Ⅲ. 비배분비용	① 임시적·비경상적으로 발생한 비용 및 ② 사업과 직접적 또는 간접적
(1) 자산처분손실	관련이 없어 총원가에 배분하는 것이 합리적이지 아니한 비용
(2) 기타비용	
:	
(-) Ⅳ. 비배분수익	① 임시적·비경상적으로 발생한 수익 및 ② 사업과 직접적 관련이 없어
(1) 자산처분이익	사업수익에 합산하는 것이 합리적이지 아니한 수익
(2) 기타이익	
:	
Ⅴ. 재정운영순원가	
(-) Ⅵ. 일반수익	: 사업수익이나 비배분수익에 속하지 않는 비교환수익
(1) 자체조달수익	
(2) 정부간이전수익	
(3) 기타수익	
Ⅶ. 재정운영결과	

① 지방자치단체의 재무제표는 유형별 재무제표를 통합하여 작성하며, 기능별 분류방식으로 작성한다. CPA 22
② 다른 재무제표(재정상태표, 순자산변동표, 현금흐름표)와는 달리 일반회계, 기타특별회계, 기금, 지방공기업특별회계, 내부거래, 계로 구분하여 표시하지 않는다.
③ 총원가와 사업수익을 표시할 때 그 세부 항목은 「지방재정법 시행령」에 따른 과목의 구분에 따른다. 즉, 기능별로 구분하여 표시한다.
　예 일반공공 행정, 공공질서 및 안전, 교육, 문화 및 관광, 환경보호, 사회복지, 보건

> **참고 plus** 재정운영표 관련 지방자치단체 회계기준의 필수보충정보
> ① 지방자치단체의 성질별 재정운영표 CPA 22
> ② 일반회계의 재정운영표
> ③ 개별 회계실체(일반회계는 제외)의 재정운영표

④ 재정운영표는 ㉠ 사업순원가, ㉡ 재정운영순원가, ㉢ 재정운영결과로 구분하여 표시한다. CPA 15, 17

⑤ 사업순원가는 총원가에서 사업수익을 빼서 표시한다.

　　a. **총원가:** ㉠ 사업을 수행하기 위하여 투입한 원가에서 ㉡ 다른 사업으로부터 배부받은 원가를 더하고, ㉢ 다른 사업에 배부한 원가를 뺀 것 　CPA 12

　　b. **사업수익:** ㉠ 사업의 수행과정에서 발생(서비스 요금수익)하거나 ㉡ 사업과 관련하여 국가·지방자치단체 등으로부터 얻은 수익(보조금 등)

> 사업순원가 = (사업 투입원가 + 배부받은 원가 - 배부한 원가) - 사업수익
> 　　　　　 = 총원가 - 사업수익

참고 Plus　사업수익(지방자치단체 복식부기·재무회계 운영규정)

1. 사업수익은 ㉠ 단위사업이나 세부사업에서 제공한 서비스 대가로 직접 수익을 획득하거나, ㉡ 사업의 관계인(국가나 타 지방자치단체 등)으로부터 사업과 관련하여 획득한 보조금수익을 말한다. 　CPA 22

2. 국가회계에서의 프로그램수익은 프로그램의 운영에 따라 발생하는 교환거래 수익을 의미하지만 지방회계의 경우에는 특정 사업의 경상보조금이나 특정 목적을 위해 출연한 기부금 등 비교환거래 수익인 경우도 포함한다는 측면에서 차이가 있다.

3. 사업수익은 서비스 요금수익과 보조금 등으로 구분된다. 　CPA 22

　　(1) 서비스 요금수익

　　　서비스 요금은 교환거래와 준교환거래에 기초한 수익으로 재화 또는 서비스의 판매수익, 면허나 허가와 같은 특권 수수료 수익 등 서비스를 직접 수혜받은 신청자나 고객으로부터 서비스 대가로 받아들이는 수익을 말한다.

　　(2) 보조금 등

　　　㉠ 지방자치단체가 국가나 상위 지방자치단체로부터 특정 목적에 사용하기로 하고 수령한 보조금 및 ㉡ 민간인으로부터 받은 특정 사업으로 용도가 제한된 기부금은 사업수익으로 처리한다.

　　　① 보조금은 특정 정책사업과 관련된 설비자산의 구입, 건설 또는 리모델링 등에 사용하는 자본보조와 생활보상 대상자의 보호사업과 같은 운영보조로 구분할 수 있다.

　　　② 운영보조로 보조금을 교부받은 때에는 보조금목적에 의한 세부사업의 사업수익으로 분류하여 해당 세부사업의 총원가에서 차감하여 순원가를 산출하도록 한다. 　CPA 22

　　　③ 특정 사업에 관련되지 않고 두 가지 이상의 목적으로 사용할 수 있는 보조금은 사업수익으로 처리하지 말고 일반수익으로 처리해야 한다. 다만, 특정한 사업과 관련되어 시설과 운영을 동시에 보조하는 것이 명백한 경우에는 당해 경상보조금은 사업수익으로 처리한다.

---

⑥ 재정운영순원가는 ㉠ 사업순원가에서 ㉡ 관리운영비 및 ㉢ 비배분비용은 더하고, ㉣ 비배분수익을 빼서 표시한다.

> 재정운영순원가 = 사업순원가 + 관리운영비 + 비배분비용 - 비배분수익

　　a. **관리운영비:** 조직의 일반적이고 기본적인 기능을 수행하는 데 필요한 인건비, 기본경비 및 운영경비

　　b. **비배분비용:** 임시적·비경상적으로 발생한 비용 및 사업과 직접적 또는 간접적 관련이 없어 총원가에 배분하는 것이 합리적이지 아니한 비용

　　　예 이자비용, 자산손상차손, 자산처분손실, 대손상각비, 기타 사업과 관련 없이 발생한 감가상각비 등

　　c. **비배분수익:** 임시적·비경상적으로 발생한 수익 및 사업과 직접적 관련이 없어 사업수익에 합산하는 것이 합리적이지 아니한 수익

　　　예 이자수익, 손상차손환입, 자산처분이익, 대손상각충당금환입 등

⑦ 재정운영결과는 ㉠ 재정운영순원가에서 ㉡ 수익을 뺀 것을 말한다.

| 재정운영결과 = 재정운영순원가 - 수익(일반수익) |

> **참고 Plus** 재정운영표에 표시되는 일반수익(지방자치단체 복식부기·재무회계 운영규정)
> ① 일반수익은 사업수익이나 비배분수익에 속하지 아니하는 비교환수익을 말한다.
> ② 일반수익으로는 지방세수익, 과태료수익, 과징금 및 이행강제금수익, 변상금 및 위약금수익, 일반부담금수익, 지방교부세수익, 조정교부금수익, 징수교부금수익, 전입금수익, 시도비반환금수익 등이 있다.
> ③ 「지방자치단체회계기준에 관한 규칙」 제26조 제2항에는 재정운영순원가에서 제30조에 따른 수익을 뺀 것을 재정운영결과로 규정하고 있다. 그러나 별지 제2호 서식 재정운영표에는 재정운영순원가에서 일반수익을 차감하여 재정운영결과를 표시하고 있다.

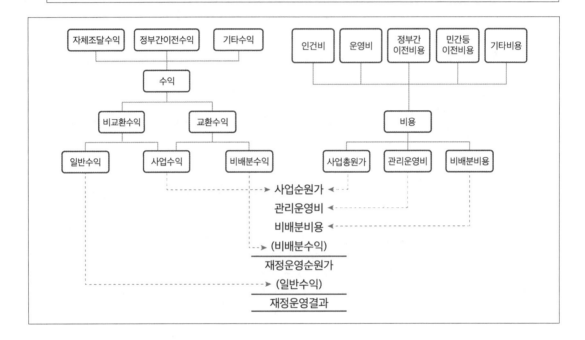

02 수익의 구분(「지방자치단체 회계기준에 관한 규칙」 제30조)

수익은 재원조달의 원천에 따라 자체조달수익, 정부간이전수익, 기타수익으로 구분한다.
CPA 14, 18, 24

(1) 자체조달수익

지방자치단체가 ㉠ 독자적인 과세권한과 ㉡ 자체적인 징수활동을 통하여 조달한 수익을 말한다.

(2) 정부간이전수익

회계실체가 ㉠ 국가 또는 ㉡ 다른 지방자치단체로부터 이전받은 수익을 말한다. CPA 12

(3) 기타수익

자체조달수익 및 정부간이전수익 외의 수익을 말한다.

참고 Plus 성질별 재정운영표(지방자치단체 복식부기·재무회계 운영규정)

1. 비용을 성질별로 분류하는 성질별 재정운영표는 필수보충정보로 보고한다. (p.56 참조)

2. 지방자치단체의 성질별 재정운영표는 유형별 회계실체의 재정운영표 통합과정이 나타낼 수 있도록 일반회계, 기타특별회계, 기금회계, 지방공기업특별회계 및 이들 간의 내부거래를 나란히 표시하고 유형별 회계실체의 합에서 내부거래를 제거한 순액을 통합재무제표의 금액으로 표시한다.

        I. 인건비

        II. 운영비

        III. 정부간이전비용

        IV. 민간등이전비용

        V. 기타비용

        VI. 비용총계

        VII. 자체조달수익

        VIII. 정부간이전수익

        IX. 기타수익

        X. 수익총계

        XI. 운영차액(X - VI)

3. 성질별 재정운영표상 수익은 자체조달수익, 정부간이전수익, 기타수익으로 구분된다.
   ① 자체조달수익은 지방자치단체가 자체 노력에 의해 조달한 수익을 말한다. 지방자치단체의 ③ 과세권한에 의해 징수하는 지방세수익과 ⑥ 자체적인 징수활동에 의해 조달하는 사용료, 수수료, 재산임대료수입 및 유형자산처분이익, 과태료수익, 과징금 및 이행강제금수익 등의 세외수익이 포함된다.
   ② 정부간이전수익은 지방자치단체가 자체 노력에 의해 조달한 수익이 아니고 국가 또는 상위정부로부터 이전된 재원을 말한다. ③ 국가로부터 교부되는 지방교부세, 국고보조금 및 ⑥ 상위단체(광역단체인 시·도)에서 기초단체(시·군·자치구)로 이전되는 자치구 조정교부금, 시·군 조정교부금, 시·도비보조금 등이 포함된다.
   ③ 기타수익은 자체조달수익 및 정부간이전수익 이외의 수익으로서 전입금수익, 기부금수익, 외화환산이익, 외환차익, 자산손상차손환입, 대손충당금환입 등이 포함된다.

4. 성질별 재정운영표상 비용은 인건비, 운영비, 정부간이전비용, 민간등이전비용, 기타비용으로 구분된다.

객관식 연습문제

01 다음 중 「국가회계기준에 관한 규칙」에서 정하는 재정운영표에 관한 설명으로 옳지 않은 것은?

① 중앙관서 또는 기금의 재정운영표를 통합하여 작성하는 국가의 재정운영표는 내부거래를 제거하여 작성하되 재정운영순원가, 비교환수익 등 및 재정운영결과로 구분하여 표시한다. 이때 재정운영순원가는 각 중앙관서별로 구분하여 표시한다.

② 국세수익은 중앙관서 또는 기금의 재정운영표의 비교환수익 등에 표시된다.

③ 비교환수익은 직접적인 반대급부 없이 발생하는 국세, 부담금, 기부금, 무상이전 및 제재금 등의 수익으로서 해당 수익에 대한 청구권이 발생하고 그 금액을 합리적으로 측정할 수 있을 때에 인식한다.

④ 재화나 용역의 제공 등 국가재정활동 수행을 위하여 자산이 감소하고 그 금액을 합리적으로 측정할 수 있을 때 또는 법령 등에 따라 지출에 대한 의무가 존재하고 그 금액을 합리적으로 측정할 수 있을 때에 비용으로 인식한다.

⑤ 과거에 자산으로 인식한 자산의 미래 경제적 효익이 감소 또는 소멸하거나 자원의 지출 없이 부채가 발생 또는 증가한 것이 명백한 때에 비용으로 인식한다.

02 다음 중 「국가회계기준에 관한 규칙」에서 정하는 재정운영표에 관한 설명으로 옳지 않은 것은? CPA 2013

① 중앙관서 또는 기금의 재정운영표는 프로그램순원가, 재정운영순원가, 재정운영결과로 구분하여 표시한다.

② 중앙관서 또는 기금의 재정운영표상 프로그램순원가는 프로그램을 수행하기 위하여 투입한 원가 합계에서 다른 프로그램으로부터 배부받은 원가를 더하고, 다른 프로그램에 배부한 원가는 빼며, 프로그램 수행과정에서 발생한 수익 등을 빼서 표시한다.

③ 중앙관서 또는 기금의 재정운영표상 재정운영결과는 재정운영순원가에서 비교환수익 등을 빼서 표시한다. 다만, 「국고금 관리법 시행령」 제50조의2에 따라 통합관리하는 일반회계 및 특별회계의 자금에서 발생하는 비교환수익 등은 순자산변동표의 재원의 조달 및 이전란에 표시한다.

④ 중앙관서 또는 기금의 재정운영표를 통합하여 작성하는 국가의 재정운영표는 내부거래를 제거하여 작성하되 재정운영순원가, 비교환수익 등 및 재정운영결과로 구분하여 표시한다.

⑤ 국가의 재정운영표상 재정운영순원가는 각 중앙관서별로 프로그램순원가에서 관리운영비 및 비배분비용은 더하고, 비배분수익은 빼서 표시하며, 재정운영결과는 재정운영순원가에서 비교환수익 등을 빼서 표시한다.

03 다음 설명 중 「지방자치단체 회계기준에 관한 규칙」에서 정하는 재정운영표에 대한 설명으로 옳지 않은 것은?

① 사업순원가는 총원가에서 사업수익을 빼서 표시한다. 총원가는 사업을 수행하기 위하여 투입한 원가에서 다른 사업으로부터 배부받은 원가를 더하고, 다른 사업에 배부한 원가를 뺀 것을 말하며, 사업수익은 사업의 수행과정에서 발생하거나 사업과 관련하여 국가·지방자치단체 등으로부터 얻은 수익을 말한다.

② 재정운영결과는 재정운영순원가에서 수익을 빼서 표시한다. 이때 수익은 재원조달의 원천에 따라 자체조달수익, 정부간이전수익, 기타수익으로 구분한다.

③ 지방자치단체의 재정운영표상 비배분수익은 임시적·비경상적으로 발생한 수익 및 사업과 직접적 관련이 없어 사업수익에 합산하는 것이 합리적이지 아니한 수익을 말한다.

④ 재정운영표는 회계연도 동안 회계실체가 수행한 사업의 원가와 회수된 원가 정보를 포함한 재정운영결과를 나타내는 재무제표로 재정운영순원가, 수익, 재정운영결과로 구분하여 표시한다.

⑤ 수익은 자산의 증가 또는 부채의 감소를 초래하는 회계연도 동안의 거래로 생긴 순자산의 증가를 말한다. 다만, 회계 간의 재산 이관, 물품 소관의 전환, 기부채납 등으로 생긴 순자산의 증가는 수익에 포함하지 아니한다.

04 다음 설명 중 「지방자치단체 회계기준에 관한 규칙」에서 정하는 재정운영표에 대한 설명으로 옳지 않은 것은?

① 재정운영순원가는 사업순원가에서 관리운영비 및 비배분비용은 더하고, 비배분수익을 빼서 표시한다.

② 성질별 재정운영표를 주재무제표로 하고 있다.

③ 비용은 자산의 감소나 부채의 증가를 초래하는 회계연도 동안의 거래로 생긴 순자산의 감소를 말한다. 다만, 회계 간의 재산 이관, 물품 소관의 전환 등으로 생긴 순자산의 감소는 비용에 포함하지 아니한다.

④ 지방자치단체의 재정운영표에 총원가와 사업수익을 표시할 때 그 세부 항목은 「지방재정법 시행령」에 따른 과목의 구분에 따른다.

⑤ 원가는 회계실체가 사업의 목표를 달성하고 성과를 창출하기 위하여 직접적·간접적으로 투입한 경제적 자원의 가치를 말한다.

05 국가 및 지방자치단체의 수익인식기준에 관한 옳지 않은 설명은? CPA 2017 수정

① 신고·납부하는 방식의 국세는 납세의무자가 세액을 자진신고하는 때에 신고한 금액을 수익으로 인식하되, 납세의무자가 원천징수, 중간예납 등으로 이미 국세 중 일부를 납부한 경우 신고한 금액에서 이를 차감한 금액을 수익으로 인식한다.

② 세법상 원천징수하는 국세의 경우에 원천징수의무자가 소득금액 또는 수입금액을 지급하는 때에 납세의무가 성립되고 확정되기 때문에 원천징수의무자가 소득금액 또는 수입금액을 지급하는 때에 수익을 인식한다.

③ 세법상 국가가 부과하는 방식의 국세는 고지서가 납세의무자에게 도달하는 시점에서 납세의무가 확정되지만, 국가가 고지하는 때에 고지하는 금액을 수익으로 인식한다.

④ 신고납부방식의 지방세수익은 해당 수익에 대한 청구권이 발생하고 그 금액을 합리적으로 측정할 수 있을 때에 수익을 인식한다.

⑤ 국가가 법령 등을 위반한 자에게 부과하는 벌금, 과료, 범칙금 또는 몰수품으로서 청구권이 확정된 때나 몰수품을 몰수한 때에 그 금액을 확정하기 어려운 경우에는 납부 또는 처분시점에서 수익을 인식할 수 있다.

06 다음은 "항만운영프로그램"을 수행하고 있는 중앙부처 A기금의 20×1년도 자료이다. A기금은 「국가회계법」 제13조 제2항에 해당하는 중앙관서의 장이 관리하지 않는 기금이다. CPA 2012 수정

- 20×1년 중에 과태료 ₩100,000을 부과하였으나 금액이 확정되지 아니하였으며, 이 중 ₩80,000이 납부되었다.
- 20×1년 중에 청구권이 확정된 부담금수익 ₩50,000 중 ₩40,000이 납부되었다.
- 20×1년 중 투자목적 단기투자증권을 ₩65,000에 취득하였으며, 20×1년 말 현재 활성화된 된 시장에서 이 증권의 공정가액은 ₩70,000이다.
- 20×1년 중에 항만사용료수익 ₩30,000이 발생·납부(사용 즉시 대금 수취방식)되었다.

상기 자료의 내용이 중앙부처 A기금의 20×1년도 재정운영표상 재정운영순원가와 재정운영결과에 미치는 영향은 얼마인가?

	재정운영순원가	재정운영결과
①	₩5,000 감소	₩165,000 감소
②	₩5,000 감소	₩185,000 감소
③	₩30,000 감소	₩180,000 감소
④	₩30,000 감소	₩160,000 감소
⑤	₩135,000 감소	₩185,000 감소

07 다음은 A기금의 20×1년도 자료이다. 20×1년도에는 아래 거래 이외에 다른 거래는 없었다고 가정한다.

CPA 2016

- A기금은 20×1년 중 2가지의 프로그램(전자조달 및 국유재산관리, 조달사업 운영)을 수행하였는데, 각각의 원가 관련 자료는 다음과 같다.

구분	전자조달 및 국유재산관리	조달사업 운영
프로그램총원가	₩30,000	₩50,000
프로그램수익	₩0	₩155,000

- A기금의 기능수행을 위한 관리업무비로 인건비 ₩20,000과 경비 ₩10,000이 발생하였다.
- 20×1년 중 이자비용 ₩1,000과 자산감액손실 ₩1,500이 발생하였는데, 이는 프로그램에 배부하는 것이 적절하지 아니한 비용이다.
- 20×1년 중 이자수익 ₩500과 자산처분이익 ₩3,000이 발생하였는데, 이는 프로그램 운영과 관련이 없는 것이다.
- 20×1년 중 제재금수익 ₩2,500이 발생하였다.

다음 중 A기금의 20×1년도 재무제표에 대한 설명으로 옳은 것은? (단, ( )는 음수(-) 표시이다)

① 재정운영표상 프로그램순원가 합계는 ₩(75,000)이며, 전자조달 및 국유재산관리 프로그램순원가 ₩30,000과 조달사업 운영 프로그램순원가 ₩(105,000)을 재정운영표상 구분하여 표시하지 않는다.

② 이자비용 ₩1,000은 재정운영표상 비배분비용에 반영하고, 자산감액손실 ₩1,500은 순자산변동표상 순자산조정에 반영한다.

③ 재정운영표상 재정운영순원가는 ₩(42,500)이다.

④ 재정운영표상 재정운영결과는 ₩(48,500)이며, 동 금액은 순자산변동표상 적립금 및 잉여금란에 표시된다.

⑤ 제재금수익 ₩2,500은 순자산변동표상 재원의 조달 및 이전란에 표시된다.

08 다음은 일반회계만으로 구성된 중앙관서 A부처의 20×1년도 자료이다. 단, 20×1년도에는 아래 거래 이외에 다른 거래는 없으며, 국가 재무제표 작성과정에서 상계할 내부거래는 없다고 가정한다. CPA 2018

• 프로그램을 수행하기 위해 투입한 직접원가	₩150,000
• 프로그램 관련 교환수익	10,000
• 다른 프로그램으로부터 배부받은 간접원가	4,000
• 다른 프로그램에 배부한 간접원가	7,000
• 관리운영비	30,000
• 비배분수익	3,500
• 비배분비용	2,000
• 비교환수익	13,500

다음 중 20×1년도 재무제표에 대한 설명으로 옳지 않은 것은?

① A부처의 재정운영표에 표시되는 재정운영결과는 ₩152,000이다.
② A부처의 재정운영표에 표시되는 프로그램순원가는 ₩137,000이다.
③ A부처의 재정운영표에 표시되는 재정운영순원가는 ₩165,500이다.
④ A부처의 순자산변동표에서 재원의 조달 및 이전란에 표시될 금액은 ₩13,500이다.
⑤ A부처 20×1년도 자료가 국가 재정운영표에 표시되는 재정운영결과에 미치는 영향은 ₩152,000 증가이다.

09 다음은 중앙부처 A기금의 20×1년도 자료이다. 단, 20×1년도에는 아래 거래 이외에 다른 거래는 없으며, 국가 재무제표 작성과정에서 상계할 내부거래는 없다고 가정한다.

• 프로그램을 수행하기 위해 투입한 직접원가	₩150,000
• 프로그램 관련 교환수익	10,000
• 다른 프로그램으로부터 배부받은 간접원가	4,000
• 다른 프로그램에 배부한 간접원가	7,000
• A기금의 기능수행을 위한 관리업무비	30,000
• 비배분수익	3,500
• 비배분비용	2,000
• 비교환수익	13,500

다음 중 20×1년도 재무제표에 대한 설명으로 옳은 것은?

① A기금의 재정운영표에 표시되는 프로그램순원가는 ₩147,000이다.
② A기금의 재정운영표에 표시되는 재정운영순원가는 ₩175,500이다.
③ A기금의 재정운영표에 표시되는 재정운영결과는 ₩165,500이다.
④ A기금의 20×1년도 자료가 국가의 재정운영표에 표시되는 재정운영결과에 미치는 영향은 ₩152,000 증가이다.
⑤ A기금의 순자산변동표에서 재원의 조달 및 이전란에 표시될 금액은 ₩13,500이다.

10 다음은 일반회계와 기금으로 구성된 중앙관서 A부처의 20×1년도 자료이다. 단, 20×1년도에는 아래 거래 이외에 다른 거래는 없으며, 중앙관서 A부처의 재무제표 작성과정에서 상계할 내부거래는 없다고 가정한다.

구분	일반회계	기금
프로그램총원가	₩60,000	₩40,000
프로그램수익	10,000	30,000
관리운영비	30,000	20,000
비배분수익	3,500	10,000
비배분비용	2,000	5,000
비교환수익	13,500	8,500

다음 중 20×1년도 재무제표에 대한 설명으로 옳지 않은 것은?

① 중앙관서 A부처의 재정운영표에 표시되는 프로그램순원가는 ₩60,000이다.
② 중앙관서 A부처의 재정운영표에 표시되는 재정운영순원가는 ₩103,500이다.
③ 중앙관서 A부처의 재정운영표에 표시되는 재정운영결과는 ₩90,000이다.
④ 중앙관서 A부처의 20×1년도 자료가 국가의 재정운영표에 표시되는 재정운영결과에 미치는 영향은 ₩81,500 증가이다.
⑤ 중앙관서 A부처의 순자산변동표에서 재원의 조달 및 이전란에 표시될 금액은 ₩13,500이다.

11 다음은 중앙관서 A부처의 일반회계에서 발생한 거래이다. 다음 거래가 A부처의 일반회계 재정운영표의 재정운영결과에 미치는 영향과 국가 재정운영표의 재정운영결과에 미치는 영향을 올바르게 나타낸 것은?

CPA 2014

- 20×3년 중에 프로그램 순원가로 ₩100,000이 발생하였다.
- 20×3년 중에 행정운영과 관련하여 인건비 ₩50,000, 감가상각비 ₩30,000이 발생하였다.
- 20×3년 중에 부담금수익 ₩70,000에 대한 청구권이 확정되었다.
- 20×3년 중에 B부처에서 무상관리전환으로 ₩30,000의 자산을 수증받았다.

	A부처의 일반회계	대한민국 정부
①	₩180,000 증가	₩110,000 증가
②	₩150,000 증가	₩80,000 증가
③	₩110,000 증가	₩110,000 증가
④	₩110,000 증가	₩80,000 증가
⑤	₩80,000 증가	₩110,000 증가

12 다음은 일반회계만으로 구성된 중앙부처 A의 20×1년도 자료이다.

- 20×1년 중 발생한 프로그램순원가는 ₩50,000이다.
- 20×1년 말 일반유형자산인 토지의 재평가로 손실이 ₩30,000 발생하였다. 단, 이전에 동일자산에 대해 순자산변동표에 인식한 재평가이익 ₩20,000이 있었다.
- 20×1년 중 이자수익 ₩6,000이 발생하였으며 프로그램 운영과 관련이 없다.
- 20×1년 중 이자비용 ₩1,000과 자산감액손실 ₩3,000이 발생하였는데, 이는 프로그램에 배부하는 것이 적절하지 아니한 비용이다.
- 20×1년 중 청구권이 확정된 부담금수익 ₩10,000 중 ₩8,000이 납부되었다.
- 20×1년 중 국고수입은 ₩100,000이고, 국고이전지출은 ₩80,000이다.
- 20×1년 중 B부처로부터의 무상이전수입 ₩20,000이 발생하였다.
- 20×1년 중 행정운영과 관련하여 인건비 ₩50,000, 감가상각비 ₩30,000이 발생하였다.

상기 거래가 20×1년도 중앙부처 A(일반회계) 재정운영표의 재정운영결과에 미치는 영향과 국가 재정운영표의 재정운영결과에 미치는 영향을 올바르게 나타낸 것은? (단, 상기 제시된 자료 이외의 항목은 없다고 가정한다)

	중앙부처 A 일반회계	대한민국 정부
①	₩138,000 증가	₩128,000 증가
②	₩138,000 증가	₩148,000 증가
③	₩138,000 증가	₩168,000 증가
④	₩188,000 증가	₩148,000 증가
⑤	₩188,000 증가	₩168,000 증가

13 다음은 일반회계만으로 구성된 중앙부처 A의 20×1 회계연도 자료이다.

〈중앙부처 A(일반회계)〉
- 20×1년 중 발생한 프로그램순원가는 ₩20,000이다.
- 20×1년 중 건물의 회수가능액이 장부가액에 미달하였고, 그 미달액이 중요하여 자산감액 손실로 ₩3,000을 인식하였다. 이는 프로그램과 관련이 없다.
- 20×1년 중 투자목적 단기투자증권을 ₩2,000에 취득하였으며, 20×1년 기말 공정가액은 ₩7,000이다.
- 20×1년 중 이자수익 ₩6,000이 발생하였으며 프로그램 운영과 관련이 없다.
- 20×1년 중 청구권이 확정된 부담금수익 ₩4,000 중 ₩2,000이 납부되었다.
- 20×1년 중 제재금수익 ₩2,000이 발생하였다.

상기 거래가 20×1 회계연도 중앙부처 A(일반회계) 재정운영표의 재정운영결과에 미치는 영향과 국가 재정운영표의 재정운영결과에 미치는 영향을 올바르게 나타낸 것은? (단, 재무제표 작성과정에서 상계할 내부거래는 없으며, 상기 제시된 자료 이외의 항목은 없다고 가정한다)   CPA 2020

	중앙부처 A 일반회계	대한민국 정부
①	₩11,000 증가	₩11,000 증가
②	₩12,000 증가	₩6,000 증가
③	₩12,000 증가	₩12,000 증가
④	₩17,000 증가	₩11,000 증가
⑤	₩17,000 증가	₩12,000 증가

14 다음은 지방자치단체 A의 20×1년 재무제표 작성을 위하여 수집한 회계자료이다. 아래 거래 이외의 다른 거래는 없다고 가정한다.

- 20×1년에 청구권이 발생한 지방세수익은 ₩500,000이다.
- 20×1년에 지방자치단체 A가 운영한 사업에서 발생한 사업총원가는 ₩500,000, 사용료 수익은 ₩200,000이다. 지방자치단체 A는 사업의 비용을 보전하기 위한 운영보조목적의 보조금 ₩20,000을 수령하였다.
- 20×1년에 관리운영비는 ₩200,000이 발생하였다.
- 20×1년에 사업과 관련이 없는 자산처분손실 ₩50,000과 이자비용 ₩10,000이 발생하였다.
- 20×1년 사업과 관련이 없는 비화폐성 외화자산의 취득원가는 ₩20,000이며, 회계연도 종료일 현재 환율을 적용하면 ₩30,000이다.
- 20×1년에 ㈜대한은 지방자치단체 A에게 현금으로 ₩40,000을 기부하였다. 동 기부금은 특정 사업용도로 지정되지 않았다.
- 20×1년에 지방자치단체 A는 청사이전으로 인하여 필요없는 건물(장부가액은 ₩120,000이며, 공정가액은 ₩200,000)을 지방자치단체 B에게 회계 간의 재산 이관(관리전환)을 하였다.

20×1년 지방자치단체 A의 재정운영표상 재정운영순원가와 재정운영결과를 계산하면 얼마인가?

CPA 2021

	재정운영순원가	재정운영결과
①	₩540,000	₩0
②	₩530,000	₩110,000
③	₩530,000	₩10,000
④	₩560,000	₩(−)20,000
⑤	₩560,000	₩100,000

15 국가회계예규 중 「원가계산에 관한 지침」에 대한 다음 설명 중 옳지 않은 것은? CPA 2022

① 국가회계실체는 그 활동의 특성에 따라 행정형 회계와 사업형 회계로 구분하며, 정부원가계산은 회계의 내용에 따라 그 계산방식을 달리 할 수 있다.

② 비교환수익은 직접적인 반대급부 없이 발생하는 수익을 말하며, 행정형 회계의 비교환수익은 재정운영표의 '비교환수익 등'으로 표시하고, 사업형 회계의 비교환수익은 순자산변동표의 '재원의조달및이전'으로 표시한다.

③ 사업형 회계와 달리 행정형 회계는 행정운영성 경비를 모두 관리운영비로 구분한다. 단, 행정운영성 경비가 자본적 지출에 해당하여 자산취득원가에 계상된 경우 등은 제외한다.

④ 프로그램순원가는 국가회계실체가 해당 프로그램을 수행하기 위하여 순수하게 투입한 원가로 각 개별 프로그램을 수행하는 데 경상적으로 소요되는 순원가를 말한다.

⑤ 재정운영순원가는 해당 국가회계실체의 재정활동에 소요되는 순원가 정보를 제공한다.

16 「지방자치단체 회계기준에 관한 규칙」과 「지방자치단체 원가계산준칙」에 대한 다음 설명 중 옳지 않은 것은? CPA 2022

① 유형별 재무제표를 통합하여 작성하는 재무제표 중 재정운영표는 기능별 분류방식으로 작성하며, 성질별 재정운영표는 필수보충정보로 제공한다.

② 비교환거래로 생긴 수익은 직접적인 반대급부 없이 생기는 지방세, 보조금, 기부금 등으로서 해당 수익에 대한 청구권이 발생하고 그 금액을 합리적으로 측정할 수 있을 때에 인식한다.

③ 목적세나 과징금, 부담금을 특정 사업의 재원에 충당하기 위하여 징수하는 경우에는 사업수익으로 분류하여야 한다.

④ 사업수익은 사업의 추진과정에서 직접 발생한 수익과 국가 등으로부터 사업과 관련하여 받은 수익 등을 말하며, 서비스 요금 수익과 보조금 등으로 구분된다.

⑤ 특정 사업의 비용을 보전하기 위한 운영보조 목적의 보조금 등은 사업수익으로 보며, 특정 사업에 사용될 자산의 취득을 지원하기 위한 자본보조 목적의 보조금 등은 사업수익에서 제외하고 순자산 증가항목으로 처리한다.

17 다음은 중앙부처 A기금과 관련된 20×1년도 자료이다. 20×1년도에는 아래 거래 이외에 다른 거래는 없었다고 가정한다.

> - A기금은 보증사업을 수행하고 있으며 20×1년 중에 신용보증료로 ₩60,000의 수익이 발생하였다.
> - A기금의 20×0년 말 보증충당부채는 ₩200,000이고, 20×1년 말 보증충당부채는 ₩360,000이다.
> - A기금의 기능수행을 위한 관리업무비로 인건비 ₩20,000과 경비 ₩10,000이 발생하였다.
> - 20×1년 중 이자비용 ₩1,000과 자산감액손실 ₩1,500이 발생하였는데, 이는 프로그램에 배부하는 것이 적절하지 아니한 비용이다.
> - 20×1년 중 이자수익 ₩500과 자산처분이익 ₩3,000이 발생하였는데, 이는 프로그램 운영과 관련이 없는 것이다.
> - 20×1년 중 제재금수익(범칙금) ₩2,500이 발생하였으나, 청구권 및 금액이 확정되지 않아 20×2년에 ₩2,000이 납부되었다.
> - 20×1년 중 보증이행 때문에 발생한 채무에서 채무면제이익 ₩3,000이 발생하였다.

상기 자료의 내용이 중앙부처 A기금의 재정운영표상 재정운영결과와 국가 재정운영표상 재정운영결과에 미치는 영향은 각각 얼마인가? (단, 재무제표 작성과정에서 상계할 내부거래는 없으며, 상기 제시된 자료 이외의 항목은 없다고 가정한다)

	중앙부처 A기금	대한민국 정부
①	₩126,000 증가	₩123,000 증가
②	₩126,500 증가	₩123,500 증가
③	₩123,500 증가	₩123,500 증가
④	₩129,000 증가	₩126,000 증가
⑤	₩126,000 증가	₩126,000 증가

18 다음은 일반회계만으로 구성된 중앙부처 A의 20×1년도 자료이다.

- 20×1년 중 발생한 프로그램순원가는 ₩100,000이다.
- 20×1년 중에 투자목적으로 외국 주식을 $500에 취득하였다. 동 주식의 20×1년 말 공정 가액은 $1,000이다. 동 주식 취득일의 환율은 ₩800/$이며, 20×1년 말 환율은 ₩1,100/$이다.
- 20×1년 중에 중앙부처 A는 소유 중인 건물을 중앙부처 B로 유상관리전환 처리하였다. 건물의 취득원가는 ₩4,000이며 감가상각누계액은 ₩1,000이다. 유상관리전환에 따라 중앙부처 B는 중앙부처 A에게 ₩5,000의 관리전환 대가를 지불하였다.
- 20×1년 말에 소유 중인 장부금액 ₩15,000의 건물에 물리적인 손상이 발생하였다. 20×1년 말 건물의 순실현가능가치는 ₩12,000이며 사용가치는 ₩8,000이다.
- 20×1년 중 청구권이 확정된 부담금수익 ₩10,000 중 ₩8,000이 납부되었다.
- 20×1년 중 국고수입은 ₩200,000이고, 국고이전지출은 ₩80,000이다.
- 20×1년 중 B부처로부터의 무상이전수입 ₩80,000이 발생하였다.
- 20×1년 중 행정운영과 관련하여 인건비 ₩50,000, 감가상각비 ₩30,000이 발생하였다.

20×1년도 중앙부처 A의 재정운영표상 재정운영결과는 얼마인가? (단, 상기 제시된 자료 이외의 항목은 없다고 가정한다)

① ₩111,000   ② ₩131,000   ③ ₩151,000

④ ₩181,000   ⑤ ₩201,000

19 다음은 일반회계와 기금으로 구성된 중앙관서 A부처의 20×1년도 자료이다. 단, 20×1년도에는 아래 거래 이외에 다른 중앙관서와의 내부거래는 없다고 가정한다.

〈일반회계 자료〉
- 20×1년 중 발생한 프로그램순원가는 ₩100,000이다.
- 20×1년 말에 일반유형자산인 토지의 재평가로 인하여 손실이 ₩50,000 발생하였다. 단, 이전에 동일한 자산에 대하여 순자산변동표에 조정항목으로 인식한 재평가이익이 ₩20,000 있다.
- 20×1년 중 이자수익 ₩40,000이 발생하였으며 프로그램 운영과 관련이 없다.
- 20×1년 중 이자비용 ₩10,000과 자산감액손실 ₩30,000이 발생하였는데, 이는 프로그램에 배부하는 것이 적절하지 아니한 비용이다.
- 20×1년 중 청구권이 확정된 부담금수익 ₩20,000 중 ₩10,000이 납부되었다.
- 20×1년 중 국고수입은 ₩100,000이고, 국고이전지출은 ₩80,000이다.
- 20×1년 중 기금에 무상으로 제공한 무상이전지출 ₩20,000이 발생하였다.
- 20×1년 중 행정운영과 관련하여 인건비 ₩50,000, 감가상각비 ₩30,000이 발생하였다.

〈기금 자료〉
- 20×1년 중 발생한 프로그램순원가는 ₩50,000이다.
- 20×1년 중 기금의 기능수행을 위한 관리업무비로 인건비 ₩20,000과 경비 ₩10,000이 발생하였다.
- 20×1년 중 자산처분손실 ₩20,000과 자산평가손실 ₩30,000이 발생하였는데, 이는 프로그램에 배부하는 것이 적절하지 아니한 비용이다.
- 20×1년 중 이자수익 ₩15,000과 자산처분이익 ₩25,000이 발생하였는데, 이는 프로그램 운영과 관련이 없는 것이다.
- 20×1년 중 일반회계에서 무상으로 이전받은 무상이전수입 ₩20,000이 발생하였다.

다음 중 20×1년도 재무제표에 대한 설명으로 옳지 않은 것은?

① 중앙관서 A부처의 일반회계 재정운영표에 표시되는 재정운영결과는 ₩210,000이다.
② 중앙관서 A부처의 기금회계 재정운영표에 표시되는 재정운영결과는 ₩70,000이다.
③ 중앙관서 A부처의 재정운영표에 표시되는 재정운영순원가는 ₩300,000이다.
④ 중앙관서 A부처의 재정운영표에 표시되는 재정운영결과는 ₩280,000이다.
⑤ 중앙관서 A부처의 20×1년도 자료가 국가의 재정운영표에 표시되는 재정운영결과에 미치는 영향은 ₩280,000 증가이다.

20 「국가회계기준에 관한 규칙」과 「지방자치단체 회계기준에 관한 규칙」의 수익과 비용에 대한 다음 설명 중 옳지 않은 것은? CPA 2024

① 국가의 수익은 국가의 재정활동과 관련하여 재화 또는 용역을 제공한 대가로 발생하거나, 직접적인 반대급부 없이 법령에 따라 납부의무가 발생한 금품의 수납 또는 자발적인 기부금 수령 등에 따라 발생하는 순자산의 증가를 말한다.

② 국가의 교환수익은 수익창출활동이 끝나고 그 금액을 합리적으로 측정할 수 있을 때에 인식한다.

③ 국가의 부담금수익, 기부금수익, 무상이전수입은 청구권 등이 확정된 때에 그 확정된 금액을 수익으로 인식한다.

④ 지방자치단체의 수익은 재원조달의 원천에 따라 자체조달수익, 정부간이전수익, 기타수익으로 구분한다.

⑤ 지방자치단체의 비용은 자산의 감소나 부채의 증가를 초래하는 회계연도 동안의 거래로 생긴 순자산의 감소를 말하며, 회계 간의 재산 이관, 물품 소관의 전환 등으로 생긴 순자산의 감소도 비용에 포함한다.

정답 및 해설

01 ② 중앙관서가 징수한 국세는 필수보충정보인 '국세징수활동표'에 표시된다. 따라서 국세수익은 중앙관서의 재정운 영표를 작성할 때 중앙관서 재정운영표에 표시되지 않는다. 그러나 국가의 재정운영표를 작성할 때는 국세수익 은 국가의 재정운영표에 표시된다.

02 ⑤ 국가의 재정운영표에는 재정운영순원가를 각 중앙관서별로 구분하여 표시하며, 프로그램순원가, 비배분비용, 비 배분수익, 관리운영비 등의 세부내역은 표시되지 않는다. 재정운영결과는 재정운영순원가에서 비교환수익 등을 빼서 표시한다.

03 ④ 재정운영표는 회계연도 동안 회계실체가 수행한 사업의 원가와 회수된 원가 정보를 포함한 재정운영결과를 나 타내는 재무제표로 사업순원가, 재정운영순원가, 재정운영결과로 구분하여 표시한다.

04 ② 기능별 재정운영표를 주재무제표로 하고 있으며, 성질별 재정운영표는 필수보충정보로 제공된다.

05 ② 원천징수하는 국세는 원천징수의무자가 원천징수한 금액을 신고·납부하는 때에 수익으로 인식한다.

06 ④

	프로그램총원가	-
(-)	프로그램수익	₩(30,000)
	프로그램순원가	(30,000)
(+)	관리운영비	-
(+)	비배분비용	-
(-)	비배분수익	-
	재정운영순원가	(30,000)
(-)	비교환수익 등	(130,000) = (80,000) + (50,000)
	재정운영결과	₩(160,000)

07 ④ ④

	프로그램순원가		
	1. 전자조달 및 국유재산관리	₩30,000	= 30,000 - 0
	2. 조달사업 운영	(105,000)	= 50,000 - 155,000
		(75,000)	
(+)	관리운영비	30,000	= 20,000 + 10,000
(+)	비배분비용	2,500	= 1,000 + 1,500
(-)	비배분수익	(3,500)	= (500) + (3,000)
	재정운영순원가	(46,000)	
(-)	비교환수익 등	(2,500)	
	재정운영결과	₩(48,500)	

① 재정운영표상 프로그램순원가 합계는 ₩(75,000)이며, 전자조달 및 국유재산관리 프로그램순원가 ₩30,000 과 조달사업 운영 프로그램순원가 ₩(105,000)을 재정운영표상 구분하여 표시한다.
② 이자비용 ₩1,000과 자산감액손실 ₩1,500은 재정운영표상 비배분비용에 반영한다.
③ 재정운영표상 재정운영순원가는 ₩(46,000)이다.
⑤ 제재금수익 ₩2,500은 재정운영표상 비교환수익 등에 표시된다.

08 ① (1) 중앙관서 A부처의 재정운영표

	프로그램총원가	₩147,000	= 150,000 + 4,000 - 7,000
(-)	프로그램수익	(10,000)	
	프로그램순원가	137,000	
(+)	관리운영비	30,000	
(+)	비배분비용	2,000	
(-)	비배분수익	(3,500)	
	재정운영순원가	165,500	
(-)	비교환수익 등	-	
	재정운영결과	₩165,500	

- 비교환수익 ₩13,500은 A부처의 순자산변동표상 재원의 조달 및 이전란에 표시된다.

(2) 국가 재정운영표의 재정운영결과에 미치는 영향

	재정운영순원가	₩165,500
(-)	비교환수익 등	(13,500)
	재정운영결과	₩152,000

09 ④ ④ (1) A기금의 재정운영표

	프로그램총원가	₩147,000	= 150,000 + 4,000 - 7,000
(-)	프로그램수익	(10,000)	
	프로그램순원가	137,000	
(+)	관리운영비	30,000	
(+)	비배분비용	2,000	
(-)	비배분수익	(3,500)	
	재정운영순원가	165,500	
(-)	비교환수익 등	(13,500)	
	재정운영결과	₩152,000	

(2) 국가 재정운영표의 재정운영결과에 미치는 영향

	재정운영순원가	₩165,500
(-)	비교환수익 등	(13,500)
	재정운영결과	₩152,000

① A기금의 재정운영표에 표시되는 프로그램순원가는 ₩137,000이다.
② A기금의 재정운영표에 표시되는 재정운영순원가는 ₩165,500이다.
③ A기금의 재정운영표에 표시되는 재정운영결과는 ₩152,000이다.
⑤ A기금의 순자산변동표에서 재원의 조달 및 이전란에 표시될 금액은 ₩0이다.

10 ③ (1) 중앙관서 A부처의 재정운영표

	프로그램순원가	₩60,000	= (60,000 - 10,000) + (40,000 - 30,000)
(+)	관리운영비	50,000	= 30,000 + 20,000
(+)	비배분비용	7,000	= 2,000 + 5,000
(-)	비배분수익	(13,500)	= (3,500) + (10,000)
	재정운영순원가	103,500	
(-)	비교환수익 등	(8,500)	
	재정운영결과	₩95,000	

- 일반회계에서 발생한 비교환수익 ₩13,500은 순자산변동표의 재원의 조달 및 이전란에 표시된다.

(2) 국가 재정운영표의 재정운영결과에 미치는 영향

	재정운영순원가	₩103,500	
(-)	비교환수익 등	(22,000)	= (8,500) + (13,500)
	재정운영결과	₩81,500	

11 ① (1) 중앙관서 A부처의 재정운영표의 재정운영결과에 미치는 영향

	프로그램순원가	₩100,000	
(+)	관리운영비	80,000	= 50,000 + 30,000
(+)	비배분비용	-	
(-)	비배분수익	-	
	재정운영순원가	180,000	
(-)	비교환수익 등	-	
	재정운영결과	₩180,000	

(2) 국가 재정운영표의 재정운영결과에 미치는 영향

	재정운영순원가	₩180,000
(-)	비교환수익 등	(70,000)
	재정운영결과	₩110,000

- 중앙관서 A부처의 순자산변동표에 표시된 B부처에서의 무상관리전환 ₩30,000은 B부처의 순자산변동표에 표시된 금액과 상계제거되어 국가 재정운영표에 표시되지 않는다.

12 ① (1) 중앙부처 A의 재정운영표의 재정운영결과에 미치는 영향

	프로그램순원가	₩50,000	
(+)	관리운영비	80,000	= 50,000 + 30,000
(+)	비배분비용	14,000	= 1,000 + 3,000 + 10,000
(-)	비배분수익	(6,000)	
	재정운영순원가	138,000	
(-)	비교환수익 등	-	
	재정운영결과	₩138,000	

(2) 국가 재정운영표의 재정운영결과에 미치는 영향

	재정운영순원가	₩138,000
(-)	비교환수익 등	(10,000)
	재정운영결과	₩128,000

- 중앙부처 A의 순자산변동표에 표시된 국고이전지출 ₩80,000은 국고금회계의 국고이전수입 ₩80,000과 상계제거되며, 국고수입 ₩100,000은 국고금회계의 세출예산지출액 ₩100,000과 상계제거된다. 무상이전수입 ₩20,000은 B부처의 무상이전지출 ₩20,000과 상계제거된다.

13 ④ (1) 중앙부처 A의 재정운영표의 재정운영결과에 미치는 영향

	프로그램순원가	₩20,000
(+)	관리운영비	-
(+)	비배분비용	3,000
(-)	비배분수익	(6,000)
	재정운영순원가	17,000
(-)	비교환수익 등	-
	재정운영결과	₩17,000

- 투자증권평가이익 ₩5,000은 중앙부처 A의 순자산변동표상 조정항목에 표시되며, 부담금수익 ₩4,000과 제재금수익 ₩2,000은 중앙부처 A의 순자산변동표상 재원의 조달 및 이전란에 표시된다.

(2) 국가 재정운영표의 재정운영결과에 미치는 영향

	재정운영순원가	₩17,000	
(-)	비교환수익 등	(6,000)	= (4,000) + (2,000)
	재정운영결과	₩11,000	

14 ①

	총원가	₩500,000	
(-)	사업수익	(220,000)	= (200,000) + (20,000)
	사업순원가	280,000	
(+)	관리운영비	200,000	
(+)	비배분비용	60,000	= 50,000 + 10,000
(-)	비배분수익	-	
	재정운영순원가	540,000	
(-)	일반수익	(540,000)	= (500,000) + (40,000)
	재정운영결과	-	

- 운영보조로 보조금을 교부받은 때에는 보조금목적에 의한 세부사업의 사업수익으로 분류하여 해당 세부사업의 총원가에서 차감하여 순원가를 산출하도록 한다.
- 비화폐성 외화자산과 비화폐성 외화부채는 해당 자산을 취득하거나 해당 부채를 부담한 당시의 적절한 환율로 평가한 가액을 재정상태표 가액으로 함을 원칙으로 한다.
- 민간인으로부터 받은 특정 사업으로 용도가 제한된 기부금은 사업수익으로 처리한다. 그러나 특정 사업용도로 지정되지 않은 경우에는 일반수익으로 처리한다.
- 회계 간의 재산 이관, 물품 소관의 전환 등으로 생긴 순자산의 감소는 비용에 포함하지 아니하고, 순자산변동표의 순자산의 감소에 표시된다.

15 ② 비교환수익은 직접적인 반대급부 없이 발생하는 수익을 말하며, 행정형 회계의 비교환수익은 순자산변동표의 "재원의조달및이전"으로 표시하고, 사업형 회계의 비교환수익은 재정운영표의 "비교환수익 등"으로 표시한다.

16 ③ 목적세나 과징금, 부담금의 경우 특정 회계실체, 용도나 사업 등의 재원에 충당하기 위하여 징수하는 경우라 하더라도 일반수익으로 분류하여야 한다.

> 문제 16번의 보기 ③, ④, ⑤는 「지방자치단체 원가계산준칙」에서 규정하고 있는 내용이다. 「지방자치단체 원가계산준칙」에 의할 경우 옳지 않은 것은 ③이다. 그러나 「지방자치단체 원가계산준칙」은 「지방자치단체 복식부기·재무회계 운영규정」이 2021년 1월 1일 시행됨과 동시에 폐지되었다.

17 ⑤ (1) 중앙부처 A기금의 재정운영표

	프로그램총원가	₩160,000	= 360,000 - 200,000
(-)	프로그램수익	(60,000)	
	프로그램순원가	100,000	
(+)	관리운영비	30,000	= 20,000 + 10,000
(+)	비배분비용	2,500	= 1,000 + 1,500
(-)	비배분수익	(3,500)	= 500 + 3,000
	재정운영순원가	129,000	
(-)	비교환수익 등	(3,000)	
	재정운영결과	₩126,000	

- 보증비용은 직전 재정상태표일과 비교한 보증충당부채 증감액을 재정운영표에 프로그램총원가로 인식하며, 그 금액이 부(負)의 금액인 경우 프로그램수익으로 인식한다.

(2) 국가 재정운영표의 재정운영결과에 미치는 영향

	재정운영순원가	₩129,000
(-)	비교환수익 등	(3,000)
	재정운영결과	₩126,000

18 ④ 중앙부처 A의 재정운영표

	프로그램순원가	₩100,000	
(+)	관리운영비	80,000	= 50,000 + 30,000
(+)	비배분비용	3,000	= 15,000 - 12,000
(-)	비배분수익	(2,000)	= 5,000 - (4,000 - 1,000)
	재정운영순원가	181,000	
(-)	비교환수익 등	-	
	재정운영결과	₩181,000	

- 비화폐성 외화자산과 비화폐성 외화부채에서 발생한 손익을 조정항목에 반영하는 경우 그 손익에 포함된 환율 변동효과도 해당 조정항목에 반영한다.

19 ④ (1) 국가회계실체, 중앙관서 A의 재정운영표

구분	일반회계	기금	중앙관서 A
프로그램순원가	₩100,000	₩50,000	₩150,000
관리운영비	80,000*1	30,000*5	110,000
비배분비용	70,000*2	50,000*6	120,000
비배분수익	(40,000)*3	(40,000)*7	(80,000)
재정운영순원가	210,000	90,000	300,000
비교환수익 등	-*4	(20,000)	-*8
재정운영결과	₩210,000	₩70,000	₩300,000

*1 관리운영비 = ₩50,000 + ₩30,000 = ₩80,000

*2 비배분비용 = ₩30,000 + ₩10,000 + ₩30,000 = ₩70,000

*3 비배분수익 = ₩40,000

*4 일반회계에서 발생한 비교환수익 등은 순자산변동표의 재원의 조달 및 이전에 표시된다.

*5 관리운영비 = ₩20,000 + ₩10,000 = ₩30,000

*6 비배분비용 = ₩20,000 + ₩30,000 = ₩50,000

*7 비배분수익 = ₩15,000 + ₩25,000 = ₩40,000

*8 중앙관서 내 국가회계실체 간 거래를 통해 재정운영표에 "기타재원조달"과 "기타재원 이전"을 인식하거 나 순자산변동표에 "재원의 조달 및 이전"을 인식한 경우 해당 내부거래로 인하여 상호 발생한 무상이전 거래를 제거한다.

　예 중앙관서 A의 일반회계에서 중앙관서 A의 기금으로 무상이전지출이 발생 → 일반회계 순자산변동표 의 무상이전지출(재원의 조달 및 이전)과 기금 재정운영표의 무상이전수입(비교환수익 등)을 제거

(2) 국가 재정운영표

	재정운영순원가	₩300,000	
(-)	비교환수익 등	(20,000)*9	
	재정운영결과	₩280,000	

*9 국고금회계를 포함한 국가 재무제표에는 중앙관서 순자산변동표의 "국고이전지출"과 국고금회계의 "국고 이전수입", 중앙관서 순자산변동표의 "국고수입"과 국고금회계의 "세출예산지출액"을 내부거래 제거로 상 계한다.

20 ⑤ 지방자치단체의 비용은 자산의 감소나 부채의 증가를 초래하는 회계연도 동안의 거래로 생긴 순자산의 감소를 말한다. 다만, 회계 간의 재산 이관, 물품 소관의 전환 등으로 생긴 순자산의 감소는 비용에 포함하지 아니한다. → 순자산변동표에 표시된다.

해커스 김영훈 정부회계

회계사·세무사·경영지도사 단번에 합격!
해커스 경영아카데미 cpa.Hackers.com

Chapter 05

순자산변동표

제1절 | 순자산변동표의 기초개념

01 순자산변동표의 개념 및 재정상태표상 순자산의 구분

국가회계기준에 관한 규칙(제52조, 제23조)	지방자치단체 회계기준에 관한 규칙(제38조, 제25조)
(1) 순자산변동표의 개념 　순자산변동표는 회계연도 동안 순자산의 변동명세를 표시하는 재무제표를 말한다.	(1) 순자산변동표의 개념 　순자산변동표는 회계연도 동안의 순자산의 증감 내역을 표시하는 재무제표로서 재정운영결과와 순자산의 변동을 기재한다.
(2) 재정상태표상 순자산의 구분 　순자산은 ① 기본순자산, ② 적립금 및 잉여금, ③ 순자산조정으로 구분한다.	(2) 재정상태표상 순자산의 구분 　순자산은 지방자치단체의 기능과 용도를 기준으로 ① 고정순자산, ② 특정순자산, ③ 일반순자산으로 분류한다.

02 순자산변동표의 구분 표시

국가회계기준에 관한 규칙(제52조)	지방자치단체 회계기준에 관한 규칙(제38조)
(1) 중앙관서 또는 기금의 순자산변동표(p.48 ~ 49 참조) 　Ⅰ. 기초순자산　　××× 　Ⅱ. 재정운영결과　××× 　Ⅲ. 재원의 조달 및 이전　××× 　Ⅳ. 조정항목　　××× 　Ⅴ. 기말순자산　××× (2) 국가의 순자산변동표(p.50 참조) 　중앙관서 또는 기금의 순자산변동표를 통합하여 작성한다. 　Ⅰ. 기초순자산　　××× 　Ⅱ. 재정운영결과　××× 　Ⅲ. 조정항목　　××× 　Ⅳ. 기말순자산　×××	(1) 지방자치단체의 순자산변동표(p.55 참조) 　Ⅰ. 기초순자산　　××× 　Ⅱ. 재정운영결과　××× 　Ⅲ. 순자산의 증가　××× 　Ⅳ. 순자산의 감소　××× 　Ⅴ. 기말순자산　××× ※ 지방자치단체의 순자산변동표는 유형별 회계실체의 순자산변동표 통합과정이 나타날 수 있도록 일반회계, 기타특별회계, 기금회계, 지방공기업특별회계 및 이들 간의 내부거래를 나란히 표시하고 유형별 회계실체의 합에서 내부거래를 제거한 순액을 통합재무제표의 금액으로 표시한다. (다열식 형식)

제2절 | 국가회계기준의 순자산변동표

01 중앙관서 또는 기금의 순자산변동표(「국가회계기준에 관한 규칙」 제52조)

(1) 순자산변동표 양식

Ⅰ. 기초순자산 1. 보고금액 2. 전기오류수정손익 3. 회계변경누적효과	: 보고금액 ± 전기오류수정손익 ± 회계변경누적효과
Ⅱ. 재정운영결과	: 재정운영표의 재정운영결과를 기재함 ① 재정운영표의 재정운영결과가 (+) 값이면 순자산의 감소를 의미하므로 (-) 값으로 기재함 ② 재정운영표의 재정운영결과가 (-) 값이면 순자산의 증가를 의미하므로 (+) 값으로 기재함
Ⅲ. 재원의 조달 및 이전	① 일반회계, 기타특별회계에서 발생한 것만 표시됨 ② 국가 전체의 순자산변동표에는 표시되지 않음

1. 재원의 조달
   (1) 국고수입
   (2) 부담금수익
   (3) 제재금수익
   (4) 채무면제이익
   (5) 기타비교환수익
   (6) 무상이전수입
   (7) 기타재원조달
	
	→ 국고금회계의 '세출예산지출액'과 상계제거됨
	→ 국가 전체 재정운영표로 대체됨
	→ 국가 전체 재정운영표로 대체됨
	→ 국가 전체 재정운영표로 대체됨
	→ 국가 전체 재정운영표로 대체됨
	→ 다른 중앙관서 또는 기금의 '무상이전지출'과 상계제거됨
	→ 다른 중앙관서 또는 기금의 '기타재원이전'과 상계제거됨

2. 재원의 이전
   (1) 국고이전지출
   (2) 무상이전지출
   (3) 기타재원이전
	
	→ 국고금회계의 '국고이전수입'과 상계제거됨
	→ 다른 중앙관서 또는 기금의 '무상이전수입'과 상계제거됨
	→ 다른 중앙관서 또는 기금의 '기타재원조달'과 상계제거됨

Ⅳ. 조정항목 1. 납입자본의 증감 2. 투자증권평가손익 3. 파생상품평가손익 4. 기타 순자산의 증감	
Ⅴ. 기말순자산	

① 중앙관서 또는 기금의 순자산변동표는 ㉠ 기초순자산, ㉡ 재정운영결과, ㉢ 재원의 조달 및 이전, ㉣ 조정항목, ㉤ 기말순자산으로 구분하여 표시한다. **CPA 15, 17**

② 재원의 조달 및 이전은 일반회계, 기타특별회계에서 발생한 것만 표시된다.

> **참고 plus**
>
> 기업특별회계 및 기금회계에서 발생한 재원의 조달 및 이전은 재정운영표의 '비교환수익 등'에 표시된다.

③ 조정항목은 납입자본의 증감, 투자증권평가손익, 파생상품평가손익 및 기타 순자산의 증감 등을 포함한다.

(2) 기초순자산(재무제표의 표시와 부속서류의 작성에 관한 지침)

① 기초순자산은 전기에 이미 보고된 순자산의 금액을 말한다.

② 당기에 발생한 회계정책의 변경이나 중대한 전기오류수정으로 인하여 기초순자산이 변동되는 경우에는 ㉠ 전기에 보고한 금액은 "보고금액"으로 별도 표시하고, ㉡ 회계정책 변경이 매 회계연도에 미치는 영향은 "회계변경누적효과"로 구분하여 표시하며, ㉢ 중대한 전기오류수정이 매 회계연도에 미치는 영향을 "전기오류수정손익"으로 구분하여 표시한다.

(3) 재정운영결과(재무제표의 표시와 부속서류의 작성에 관한 지침)

① 순자산변동표에 표시되는 재정운영결과는 재정운영표상의 재정운영결과를 말한다.

② 재정운영표의 재정운영결과가 (+) 값이면 순자산의 감소를 의미하므로 순자산변동표에 (−) 값으로 표시한다.

③ 재정운영표의 재정운영결과가 (−) 값이면 순자산의 증가를 의미하므로 순자산변동표에 (+) 값으로 표시한다.

(4) 재원의 조달 및 이전(재무제표의 표시와 부속서류의 작성에 관한 지침)

① 순자산변동표의 재원의 조달 및 이전은 ㉠ 일반회계, 기타특별회계(행정형 회계)의 비교환수익과 ㉡ 순자산의 증가 또는 감소효과를 발생시키는 중앙관서 간의 무상이전거래를 말하며, 다음의 항목으로 구분하여 표시한다.

1. 재원의 조달	
(1) 국고수입	→ 국고금회계의 '세출예산지출액'과 상계제거됨
(2) 부담금수익	→ 국가 전체 재정운영표로 대체됨
(3) 제재금수익	→ 국가 전체 재정운영표로 대체됨
(4) 채무면제이익	→ 국가 전체 재정운영표로 대체됨
(5) 기타비교환수익	→ 국가 전체 재정운영표로 대체됨
(6) 무상이전수입	→ 다른 중앙관서의 '무상이전지출'과 상계제거됨
(7) 기타재원조달	→ 다른 중앙관서의 '기타재원이전'과 상계제거됨
2. 재원의 이전	
(1) 국고이전지출	→ 국고금회계의 '국고이전수입'과 상계제거됨
(2) 무상이전지출	→ 다른 중앙관서의 '무상이전수입'과 상계제거됨
(3) 기타재원이전	→ 다른 중앙관서의 '기타재원조달'과 상계제거됨

② 중앙관서의 순자산변동표에 표시되는 "재원의 조달 및 이전"은 국가의 재정운영표 작성 시에 내부거래가 상계제거된 후 잔액을 국가의 재정운영표상 "비교환수익 등"에 반영한다. 따라서 중앙관서 또는 기금의 순자산변동표를 통합하여 작성하는 국가의 순자산변동표에는 "재원의 조달 및 이전"이 표시되지 않는다.

(5) 조정항목(재무제표의 표시와 부속서류의 작성에 관한 지침)

① 조정항목은 순자산의 증가 또는 감소를 초래하는 거래이나, 수익 또는 비용거래나 재원의 조달 및 이전거래에 해당되지 않는 거래를 말하며, 납입자본의 증감, 투자증권평가손익, 파생상품평가손익, 자산재평가이익, 정부조직개편 등에 따른 순자산의 증감, 기타 순자산의 증감 등으로 구분하여 표시한다.

② **납입자본의 증감**: 해당 회계연도에 증가 또는 감소된 기업특별회계의 납입자본금을 말한다.

③ **투자증권평가손익**: 투자목적의 장기투자증권 또는 단기투자증권으로서 재정상태표일 현재 신뢰성 있게 공정가액을 측정할 수 있는 경우에는 공정가액으로 평가한다. 이 경우 장부가액과 공정가액의 차이금액은 순자산변동표의 순자산조정 항목에 표시한다.

④ **파생상품평가손익**: 현금흐름변동위험을 회피하기 위해 지정된 파생상품 계약에서 발생하는 파생상품평가손익 중 위험회피에 효과적인 부분은 순자산변동표의 순자산조정 항목에 표시한다.

⑤ **자산재평가이익**: 자산의 장부가액이 재평가로 인하여 증가된 경우에 그 증가액은 순자산조정인 "자산재평가이익"으로 인식하되, 동일한 자산에 대하여 이전에 재정운영순원가로 반영한 "자산재평가손실"이 있다면 그 금액을 한도로 "자산재평가손실환입"으로 우선 인식한 후 나머지를 "자산재평가이익"으로 인식한다.

	기본순자산	적립금 및 잉여금	순자산조정	합계
I. 기초순자산	XXX	XXX	XXX	XXX
II. 재정운영결과	-	XXX	-	XXX
III. 재원의 조달 및 이전	-	XXX	-	XXX
IV. 조정항목				
1. 납입자본의 증감	XXX	-	-	XXX
2. 투자증권평가손익	-	-	XXX	XXX
3. 파생상품평가손익	-	-	XXX	XXX
4. 자산재평가이익	-	-	XXX	XXX
V. 기말순자산(I - II + III + IV)	XXX	XXX	XXX	XXX

02 국가의 순자산변동표(「국가회계기준에 관한 규칙」 제52조)

Ⅰ. 기초순자산 　1. 보고금액 　2. 전기오류수정손익 　3. 회계변경누적효과	: 보고금액 ± 전기오류수정손익 ± 회계변경누적효과
Ⅱ. 재정운영결과	: 재정운영표의 재정운영결과를 기재함
Ⅲ. 조정항목 　1. 납입자본의 증감 　2. 투자증권평가손익 　3. 파생상품평가손익 　4. 기타 순자산의 증감	
Ⅳ. 기말순자산	

① 국가의 순자산변동표는 중앙관서 또는 기금의 순자산변동표를 통합하여 작성한다.
② 국가의 순자산변동표는 ㉠ 기초순자산, ㉡ 재정운영결과, ㉢ 조정항목, ㉣ 기말순자산으로 구분하여 표시한다.　CPA 12, 17
　→ 재원의 조달 및 이전은 표시되지 않는다.
③ 조정항목은 납입자본의 증감, 투자증권평가손익, 파생상품평가손익 및 기타 순자산의 증감 등을 포함한다.

제3절 | 지방자치단체 회계기준의 순자산변동표

01 지방자치단체 회계기준의 순자산변동표(「지방자치단체 회계기준에 관한 규칙」 제38조, 제39조)

Ⅰ. 기초순자산	: 보고금액 ± 전기오류수정손익 ± 회계변경누적효과
1. 보고금액	
2. 전기오류수정손익	
3. 회계변경누적효과	
Ⅱ. 재정운영결과	: 재정운영표의 재정운영결과를 기재함
	① 재정운영표의 재정운영결과가 (+) 값이면 순자산의 감소를 의미하므로 (−) 값으로 기재함
	② 재정운영표의 재정운영결과가 (−) 값이면 순자산의 증가를 의미하므로 (+) 값으로 기재함

Ⅲ. 순자산의 증가
  1. 회계 간의 재산 이관 및 물품 소관의 전환에 따른 자산 증가
  2. 양여·기부로 생긴 자산 증가
  3. 기타 순자산의 증가

Ⅳ. 순자산의 감소
  1. 회계 간의 재산 이관 및 물품 소관의 전환에 따른 자산 감소
  2. 양여·기부로 생긴 자산 감소
  3. 기타 순자산의 감소

Ⅴ. 기말순자산

① 지방자치단체의 재무제표는 유형별 재무제표를 통합하여 작성한다.
② 당기에 발생한 회계정책의 변경이나 중대한 전기오류수정으로 인하여 기초순자산이 변동되는 경우에는 ㉠ 전기에 보고한 금액은 "보고금액"으로 별도 표시하고, ㉡ 회계정책 변경이 매 회계연도에 미치는 영향은 "회계변경누적효과"로 구분하여 표시하며, ㉢ 중대한 전기오류수정이 매 회계연도에 미치는 영향을 "전기오류수정손익"으로 구분하여 표시한다.
③ 순자산의 증가사항은 회계 간의 재산 이관, 물품 소관의 전환, 양여·기부 등으로 생긴 자산 증가를 말한다.   CPA 23
④ 순자산의 감소사항은 회계 간의 재산 이관, 물품 소관의 전환, 양여·기부 등으로 생긴 자산 감소를 말한다.

cpa.Hackers.com

해커스 김영훈 정부회계

회계사 · 세무사 · 경영지도사 단번에 합격!
해커스 경영아카데미 cpa.Hackers.com

Chapter 07

국가회계 재무제표의 통합

01 중앙관서 재무제표 통합절차 개요

① 중앙관서 재무제표란 중앙관서 전체의 재정상태와 재정운영에 관한 정보가 제공되도록 소관에 속하는 국가회계실체의 재무제표를 통합하여 작성하는 재무제표를 말한다.

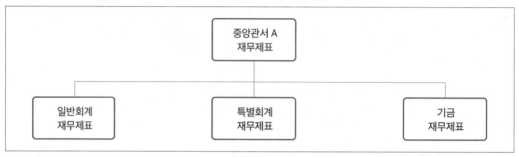

② 중앙관서 재무제표는 중앙관서별로 구분된 국가회계실체 재무제표를 소관 중앙관서별로 통합하여 작성한다.

③ 중앙관서 재무제표 작성 시 소관 국가회계실체 재무제표를 합산한 후 국가회계실체 간 내부거래를 제거한다.

02 중앙관서 재무제표 작성방법

(1) 자산·부채의 내부거래 제거

① 중앙관서 내 국가회계실체 간 거래를 통해 상호 채권·채무를 보유하고 있는 경우 중앙관서 재무제표 작성 시 해당 채권·채무를 상계하여 제거한다. CPA 17

② 다만, 일반유형자산의 취득, 처분, 관리전환 등의 거래는 상호 간 채권·채무를 보유하지 않으므로 내부거래 제거대상에서 제외한다.

(2) 자기국채(공채) 표시

중앙관서 내 국가회계실체가 발행한 국채(공채)를 동일 중앙관서 내 다른 국가회계실체가 취득하는 경우 중앙관서 재무제표 작성 시 해당 투자증권[국채(공채)]을 국채(공채)의 차감계정인 자기국채(공채)로 대체한다.

국채	×××	
국채할인발행차금	(×××)	
자기국채	(×××)	×××

(3) 수익 · 비용의 내부거래 제거

중앙관서 내 국가회계실체 간 거래를 통해 재정운영표에 수익 · 비용을 인식한 경우 해당 내부거래로 인하여 상호 발생한 수익과 비용을 제거한다.

(4) 재원의 조달 및 이전거래의 내부거래 제거

중앙관서 내 국가회계실체 간 거래를 통해 재정운영표에 "기타재원조달"과 "기타재원이전"을 인식하거나 순자산변동표에 "재원의 조달 및 이전"을 인식한 경우 해당 내부거래로 인하여 상호 발생한 무상이전거래를 제거한다.

예 중앙관서 A의 일반회계에서 중앙관서 A의 기금으로 무상이전지출이 발생
→ 일반회계 순자산변동표의 무상이전지출(재원의 조달 및 이전)과 기금 재정운영표의 무상이전수입(비교환수익 등)을 제거

제2절 | 국가 재무제표(재무제표의 통합에 관한 지침)

01 국가 재무제표 통합절차 개요

① 국가 재무제표란 대한민국 정부 전체의 재정상태와 재정운영에 관한 정보가 제공되도록 중앙관서 재무제표를 통합하여 작성하는 재무제표를 말한다.

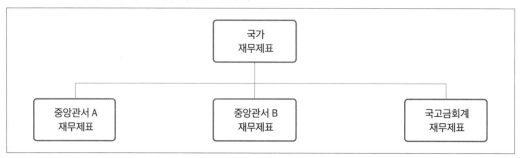

② 국가 재무제표는 중앙관서 재무제표를 대한민국 정부로 통합하여 작성한다.
③ 국가 재무제표 작성 시 모든 중앙관서 재무제표를 합산한 후 중앙관서 간 내부거래를 제거한다. 국가 회계실체 간 거래를 통하여 발생한 수익·비용 및 상호 보유한 채권·채무를 제거함으로써 수익·비용의 중복 표시 및 자산·부채의 과대 표시를 방지한다.
④ 국가 재무제표 작성 단계에서는 국고금회계의 통합, 재원의 조달 및 이전거래의 조정, 국세징수활동표의 국세수익 조정 등의 작업을 추가로 수행한다.

02 국가 재무제표 작성방법

(1) 내부거래 제거

① 국가 재무제표 작성 시 모든 중앙관서 재무제표를 합산한 후 중앙관서 간 내부거래를 통해 상호 발생한 채권·채무, 수익·비용 및 재원의 조달 및 이전을 제거한다. CPA 17
② 다만, 일반유형자산의 취득, 처분, 관리전환 등의 거래는 상호 간 채권·채무를 보유하지 않으므로 내부거래 제거대상에서 제외한다.

(2) 자기국채(공채) 표시

중앙관서가 발행한 국채(공채)를 다른 중앙관서가 취득하는 경우 국가 재무제표 작성 시 해당 투자증권[국채(공채)]을 국채(공채)의 차감계정인 자기국채(공채)로 대체한다.

국채	×××	
국채할인발행차금	(×××)	
자기국채	(×××)	×××

(3) 국고금회계의 통합

① 국고금회계는 기획재정부의 하부 회계로 독립하여 결산을 수행하고, 국고금회계의 재무제표는 국가 재무제표 작성 시 중앙관서 재무제표와 함께 통합한다. CPA 24

② 여유자금의 운용 결과로 발생하는 이자수익 등 국고금회계의 재정운영순원가는 국가 재정운영표의 재정운영순원가 중 기획재정부의 재정운영순원가에 합산하되, 각각 구분하여 표시한다.

③ 국고금회계를 포함한 국가 재무제표에는 중앙관서 순자산변동표의 "국고이전지출"과 국고금회계의 "국고이전수입", 중앙관서 순자산변동표의 "국고수입"과 국고금회계의 "세출예산지출액"을 내부거래 제거로 상계한다. CPA 17, 24

(4) 재원의 조달 및 이전거래의 조정

중앙관서 순자산변동표에 표시되는 재원의 조달 및 이전거래는 국가 재정운영표 작성 시에는 재정운영표상 "비교환수익 등"에 반영한다. CPA 17

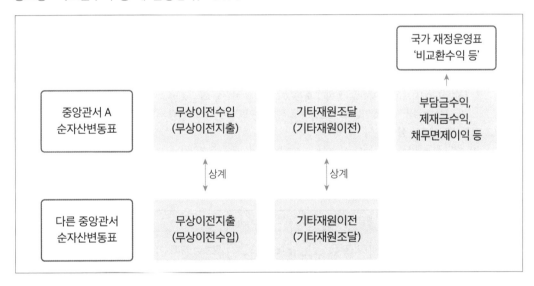

(5) 국세징수활동표의 국세수익 조정

① 국세징수활동표에 표시된 "국세수익"은 국가 재정운영표의 비교환수익 등의 "국세수익"으로 직접 표시한다.

② 국세수익은 국세징수활동표의 "국고이전지출"과 국고금회계의 "국고이전수입"을 내부거래 제거로 상계하는 국고금회계 통합절차를 통해 국가 재정운영표에 표시한다.

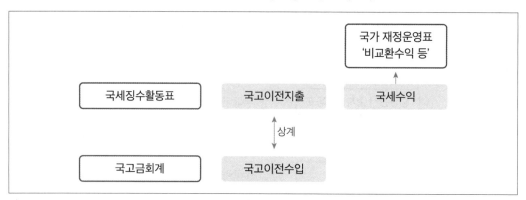

참고 plus **지방자치단체 재무제표의 작성(지방자치단체 복식부기·재무회계 운영규정)**

1. **회계별 재무제표의 통합**

   여러 단위 회계실체로 구성된 기타특별회계, 기금 및 지방공기업특별회계는 단위 회계실체의 재무정보를 집계하여 회계별 재무정보를 확정하고 "회계별 재무제표"를 작성한다.

2. **지방자치단체 재무제표의 작성**

   (1) 유형별 재무제표의 통합 재무제표 작성

   ① 지방자치단체 통합 재무제표는 지방자치단체 내 유형별 재무제표를 합산하여 작성하며, 회계실체 간 내부거래를 상계제거한다.

   ② 지방공기업특별회계는 「지방공기업법」에 따라 재무상태표, 손익계산서, 현금흐름표, 이익잉여금처분계산서(결손금처리계산서)를 작성한다. 그러나 통합 재무제표를 작성할 때는 지방공기업특별회계의 재무제표는 재정상태표, 재정운영표, 순자산변동표, 현금흐름표(작성 유예)의 형식으로 변형하여 통합된다.

   (2) 통합 재무제표의 형식

   ① 통합 재무제표는 다열식(multi-column method) 형식으로 작성한다.

   ② 통합 재무제표는 유형별 재무제표의 통합과정이 나타낼 수 있도록 일반회계, 기타특별회계, 기금회계, 지방공기업특별회계 및 이들 간의 내부거래를 나란히 표시하고 유형별 회계실체의 합에서 내부거래를 제거한 순액을 통합재무제표의 금액으로 표시한다.

과목	해당연도(20×2년)						직전연도(20×1년)					
	일반회계	기타특별회계	기금회계	지방공기업특별회계	내부거래	계	일반회계	기타특별회계	기금회계	지방공기업특별회계	내부거래	계
...												
미수금	10,000	5,000	5,000	1,000	3,000	18,000	9,000	4,000	4,000	900	2,000	15,900
...												

객관식 연습문제

01 중앙관서와 국가 재무제표의 작성절차에 관한 옳지 않은 설명은? CPA 2017

① 중앙관서 내의 일반회계와 기금 간 자금조달활동으로 인식한 장기대여금과 장기차입금을 중앙관서의 재무제표 작성 시 내부거래 제거로 상계한다.

② 중앙관서가 다른 중앙관서에서 무상관리전환으로 자산을 수증받는 경우에는 해당 내부거래로 인식한 정부 내 자산수증과 정부 내 자산기부를 국가 재무제표 작성 시 상계제거한다.

③ 중앙관서와 국고금회계를 통합한 국가 재무제표 작성 시에는 중앙관서 순자산변동표의 국고이전지출과 국고금회계의 국고이전수입을 내부거래 제거로 상계한다.

④ 중앙관서 내의 일반회계가 기금에게 전출금을 지급하여 재원의 조달 및 이전을 인식한 경우에는 중앙관서의 재무제표 작성 시 해당 내부거래로 인하여 발생한 국고수입과 기금전출금을 상계제거한다.

⑤ 중앙관서의 순자산변동표에 표시되는 재원의 조달 및 이전거래는 국가 재무제표를 작성할 때에 재정운영표상 비교환수익 등에 반영한다.

02 다음 설명 중 「지방자치단체 회계기준에 관한 규칙」에서 규정한 재무제표의 작성원칙에 대한 설명으로 옳지 않은 것은?

① 개별 회계실체의 재무제표를 작성할 때에는 지방자치단체 안의 다른 개별 회계실체와의 내부거래를 상계하고 작성한다.

② 유형별 회계실체의 재무제표를 작성할 때에는 해당 유형에 속한 개별 회계실체의 재무제표를 합산하여 작성한다. 이 경우 유형별 회계실체 안에서의 내부거래는 상계하고 작성한다.

③ 지방자치단체의 재무제표는 일반회계·기타특별회계·기금회계 및 지방공기업특별회계의 유형별 재무제표를 통합하여 작성한다. 이 경우 내부거래는 상계하고 작성한다.

④ 재무제표는 당해 회계연도분과 직전 회계연도분을 비교하는 형식으로 작성되어야 한다. 이 경우 비교식으로 작성되는 양 회계연도의 재무제표는 계속성의 원칙에 따라 작성되어야 하며 회계정책과 회계추정의 변경이 발생한 경우에는 그 내용을 주석으로 공시하여야 한다.

⑤ 「지방회계법」에 따른 출납폐쇄기한 내의 세입금 수납과 세출금 지출은 해당 회계연도의 거래로 처리한다.

정답 및 해설

01 ④ 중앙관서 내의 일반회계가 기금에게 전출금을 지급하여 재원의 조달 및 이전을 인식한 경우에는 중앙관서의 재무제표 작성 시 해당 내부거래로 인하여 발생한 일반회계전입금과 기금전출금을 상계제거한다. 국고수입의 상계제거는 국가 재무제표의 작성 시 국고금회계의 통합에서 발생한다.

02 ① 개별 회계실체의 재무제표를 작성할 때에는 지방자치단체 안의 다른 개별 회계실체와의 내부거래를 상계하지 아니한다. 이 경우 내부거래는 해당 지방자치단체에 속하지 아니한 다른 회계실체 등과의 거래와 동일한 방식으로 회계처리한다.

cpa.Hackers.com

해커스 김영훈 정부회계

회계사 · 세무사 · 경영지도사 단번에 합격!
해커스 경영아카데미 cpa.Hackers.com

Chapter 08

자산 및 부채의 평가

제1절 | 자산의 평가

01 자산의 평가기준

(1) 재정상태표에 표시하는 자산의 가액

국가회계기준에 관한 규칙(제32조)	지방자치단체 회계기준에 관한 규칙(제45조)
(1) 원칙 　재정상태표에 표시하는 자산의 가액은 해당 자산의 취득원가를 기초로 하여 계상한다.　CPA 13	(1) 원칙 　재정상태표에 기록하는 자산의 가액은 해당 자산의 취득원가를 기초로 하여 계상함을 원칙으로 한다. 　CPA 12, 13, 14
(2) 예외 　① 무주부동산의 취득, 국가 외의 상대방과의 교환 또는 기부채납 등의 방법으로 자산을 취득한 경우: 취득 당시의 공정가액을 취득원가로 한다. 　　CPA 13, 24 　② 국가회계실체 사이에 발생하는 관리전환 　　CPA 12, 15, 18, 22 　　㉠ 무상거래일 경우: 자산의 장부가액을 취득원가로 한다. 　　㉡ 유상거래일 경우: 자산의 공정가액을 취득원가로 한다. 　③ 「군수품관리법」에 따라 관리되는 전비품 등의 평가기준: 국방부장관이 따로 정하는 바에 따를 수 있다.	(2) 예외 　다음 각 자산의 가액은 해당 가액을 취득원가로 한다. 　CPA 13, 14, 18, 22, 23 　① 교환, 기부채납, 그 밖에 무상으로 취득한 자산의 가액: 공정가액 　② 회계 간의 재산 이관이나 물품 소관의 전환으로 취득한 자산의 가액: 직전 회계실체의 장부가액

> **참고 plus** 공정가액(「국가회계기준에 관한 규칙」 제2조, 「지방자치단체 회계기준에 관한 규칙」 제2조)
>
> 공정가액이란 합리적인 판단력과 거래의사가 있는 독립된 당사자 간에 거래될 수 있는 교환가격을 말한다. CPA 21

> **참고 plus** [국가회계] 관리전환을 통한 취득(일반유형자산과 사회기반시설 회계처리지침)
>
> 관리전환으로 취득하는 자산의 취득원가는 다음과 같이 처리한다. 다만, 관리전환의 경우 장부가액이 50만원 미만인 소액자산의 경우에도 비용으로 처리하지 않고 자산의 취득으로 처리한다.
> ① 유상관리전환의 경우, 관리전환 대상 자산의 공정가액을 해당 자산의 취득원가로 하되, 제공하는 자산을 공정가액으로 간주하여 장부가액과 공정가액의 차이는 처분손익으로 한다.　CPA 21
> ② 무상관리전환 또는 용도폐지에 따른 전환의 경우, 해당 자산의 취득원가는 관리전환으로 자산을 제공하는 실체의 장부가액으로 하며, 재무제표에 총액으로 표시한다.　CPA 21

> **사례 1** 유상관리전환
>
> 국토교통부는 소유 중인 건물을 기획재정부로 유상관리전환 처리하였다. 건물의 취득원가는 ₩4,000이며 감가상각누계액은 ₩1,000이다. 유상관리전환에 따라 기획재정부는 국토교통부에 ₩5,000의 관리전환 대가를 지불하였다.

<국토교통부 - 유상관리전환하여 주는 부처>			
(차) 감가상각누계액	1,000	(대) 건물	4,000
국고금	5,000	일반유형자산처분이익	2,000
<기획재정부 - 유상관리전환받는 부처>			
(차) 건물	5,000	(대) 국고금	5,000

사례 2 무상관리전환

국토교통부는 소유 중인 건물을 기획재정부로 무상관리전환 처리하였다. 건물의 취득원가는 ₩4,000이며 감가상각누계액은 ₩1,000이다.

<국토교통부 - 무상관리전환하여 주는 부처>			
(차) 감가상각누계액	1,000	(대) 건물	4,000
정부내자산기부	3,000		
<기획재정부 - 무상관리전환받는 부처>			
(차) 건물	4,000	(대) 감가상각누계액	1,000
		정부내자산수증	3,000

(2) 자산의 회수가능가액이 장부가액에 미달하는 경우

국가회계기준에 관한 규칙(제32조, 제2조)	지방자치단체 회계기준에 관한 규칙(제45조)
(1) 자산의 물리적인 손상 또는 시장가치의 급격한 하락 등으로 해당 자산의 회수가능가액이 장부가액에 미달하고 그 미달액이 중요한 경우 ① 미달액을 장부가액에서 직접 빼서 회수가능가액으로 조정한다. ② 장부가액과 회수가능가액의 차액을 그 자산에 대한 감액손실의 과목으로 재정운영순원가에 반영한다. ③ 감액명세를 주석으로 표시한다. ④ 회수가능가액이란 순실현가능가치와 사용가치 중 큰 금액을 말한다. CPA 21	(1) 자산의 진부화, 물리적인 손상 및 시장가치의 급격한 하락 등의 원인으로 인하여 해당 자산의 회수가능가액이 장부가액에 미달하고 그 미달액이 중요한 경우 ① 미달액을 장부가액에서 직접 차감하여 회수가능가액으로 조정한다. ② 감액내역을 주석으로 공시한다. ③ 회수가능가액은 해당 자산의 순실현가능액과 사용가치 중 큰 금액으로 한다.
(2) 감액한 자산의 회수가능가액이 차기 이후에 해당 자산이 감액되지 아니하였을 경우의 장부가액 이상으로 회복되는 경우 그 장부가액을 한도로 하여 그 자산에 대한 감액손실환입 과목으로 재정운영순원가에 반영한다.	명시적인 규정 없음

참고 Plus [지방자치단체회계] 자산손상차손환입(지방자치단체 복식부기·재무회계 운영규정)

① 「지방자치단체 회계기준에 관한 규칙」에는 감액한 자산의 회수가능가액이 차기 이후에 상승하였을 경우에 대한 명시적인 규정이 없다.
② 「지방자치단체 복식부기·재무회계 운영규정」에는 자산손상차손을 인식하며 감액하였던 자산의 회수가능가액이 회복되었을 경우에 자산손상차손환입을 인식하도록 규정하고 있다.

02 유가증권의 평가

국가회계기준에 관한 규칙(제33조)	지방자치단체 회계기준에 관한 규칙(제48조)
(1) 유가증권의 취득원가 　① 매입가액에 부대비용을 더하고 ② 종목별로 총평균 　법 등을 적용하여 산정한 가액을 취득원가로 한다. 　CPA 21, 24	(1) 장기투자증권의 취득원가 　① 매입가격에 부대비용을 더하고 ② 이에 종목별로 총 　평균법을 적용하여 취득원가를 산정한다. 　CPA 15, 19, 20
(2) 유가증권의 구분 　자산의 분류기준에 따라 ① 단기투자증권과 ② 장기투 　자증권으로 구분한다.	단기투자증권에 대한 규정 없음
(3) 유가증권의 평가 　[원칙] 　① 채무증권: 상각후취득원가로 평가한다.　CPA 13 　② 지분증권과 기타 장기투자증권 및 기타 단기투자증권: 　　취득원가로 평가한다.　CPA 13 　[예외] 　투자목적의 장기투자증권 또는 단기투자증권으로서 재 　정상태표일 현재 신뢰성 있게 공정가액을 측정할 수 있 　는 경우　CPA 15, 16, 19 　① 그 공정가액으로 평가한다. 　② 장부가액과 공정가액의 차이금액은 순자산변동표에 　　조정항목으로 표시한다.	(2) 장기투자증권의 평가 　취득원가로 평가함을 원칙으로 한다.　CPA 19, 20
(4) 유가증권의 회수가능가액이 장부가액 미만으로 하락하 　고 그 하락이 장기간 계속되어 회복될 가능성이 없을 경우 　① 장부가액과의 차액을 감액손실로 인식한다. 　② 재정운영순원가에 반영한다.	명시적인 규정 없음

> **참고 plus** [지방자치단체회계] 장기투자증권(지방자치단체 복식부기 · 재무회계 운영규정)
>
> ① 지방자치단체가 보유한 주식, 출자금, 국 · 공채 등의 투자증권은 대부분 장기자금운용목적이므로 투자자산 내 장기투자
>   증권으로 구분한다. 다만, 국 · 공채의 경우 취득 당시 만기가 3개월 이내인 경우 현금성자산으로 구분한다.
> ② 「지방자치단체 회계기준에 관한 규칙」에는 장기투자증권에 대한 감액손실과 관련한 명시적인 규정이 없다.
> ③ 「지방자치단체 복식부기 · 재무회계 운영규정」에는 진부화, 물리적인 손상 및 시장가치의 급격한 하락 등의 원인으로
>   인하여 자산의 가치가 장부가액보다 현저하게 떨어져서 회복할 가능성이 없는 것으로 판단되는 경우 자산의 장부가액
>   (취득원가)을 감액하여 자산손상차손을 인식하도록 규정하고 있다. 특히, 지방자치단체가 보유한 출자금, 투자주식 등
>   장기투자증권에 관련된 피투자기관이 파산, 청산, 자본잠식 및 기타 사유로 가액이 하락하여 회복할 가능성이 없어 인식
>   하는 손실에 대하여 투자자산손상차손을 인식하도록 규정하고 있다.

참고 Plus [국가회계] 현금및현금성자산(금융자산과 금융부채 회계처리지침)

1. 현금및현금성자산은 ① 통화 및 ② 타인발행수표 등 통화대용증권과 ③ 보통예금, 당좌예금 및 ④ 큰 거래비용 없이 현금으로 전환이 용이하고 이자율 변동에 따른 가치변동의 위험이 중요하지 않은 유가증권 및 단기금융상품으로서 취득 당시 만기일이 3개월 이내인 것을 말한다.

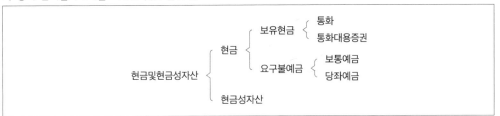

2. 「국고금 관리법」 제2조에 따라 ① 일반회계, 특별회계 및 중앙관서의 장이 관리하는 기금이 보유하는 "현금및현금성자산"은 "국고금"으로 분류하고, ② 중앙관서의 장이 관리하지 아니하는 기금이 보유하는 "현금및현금성자산"은 "현금및현금등가물"로 분류한다.

대분류	중분류	회계과목	관리과목	세부관리과목
자산	유동자산	현금및현금성자산	현금및현금등가물	현금
				보통예금
				당좌예금
				기타현금성자산
			국고금	한국은행국가예금
				금고은행국가예금
				국고예금
				국고금여유자금운용액
				기타국고금

3. 채권, 상환우선주, 환매채 및 MMF 등의 수익증권이 취득 당시 만기일이 3개월 이내임에 따라 "현금및현금성자산"으로 분류된 경우에는 ① 재정상태표일 현재의 공정가액으로 평가하고, ② 취득원가와 공정가액의 차이금액을 재정운영표에 "기타금융상품이자수익" 또는 "기타의 기타이자비용"으로 반영한다. **CPA 17**

03 미수채권 등의 평가

국가회계기준에 관한 규칙(제34조)	지방자치단체 회계기준에 관한 규칙(제46조)
<미수채권 등의 평가> 미수채권, 장기대여금 또는 단기대여금은 신뢰성 있고 객관적인 기준에 따라 산출한 대손추산액을 대손충당금으로 설정하여 평가한다.	<미수세금 등의 평가> ① 미수세금은 합리적이고 객관적인 기준에 따라 평가하여 대손충당금을 설정하고 이를 미수세금 금액에서 차감하는 형식으로 표시하며, 대손충당금의 내역은 주석으로 공시한다. **CPA 19** ② 미수세외수입금, 단기대여금, 장기대여금 등에 관하여는 위 ①의 규정을 준용한다.

04 재고자산의 평가

국가회계기준에 관한 규칙(제35조)	지방자치단체 회계기준에 관한 규칙(제47조)
(1) 재고자산의 취득원가 및 평가 ① 재고자산은 제조원가 또는 매입가액에 부대비용을 더한 금액을 취득원가로 하고 품목별로 선입선출법을 적용하여 평가한다. **CPA 21** ② 다만, 실물흐름과 원가산정방법 등에 비추어 다른 방법을 적용하는 것이 보다 합리적이라고 인정되는 경우에는 개별법, 이동평균법 등을 적용하고 그 내용을 주석으로 표시한다. ③ 선택된 재고자산의 평가 방법은 정당한 사유 없이 변경할 수 없으며, 평가 방법의 정당한 변경 사유가 발생한 경우에는 회계정책의 변경에 따라 회계처리한다.	(1) 재고자산의 취득원가 및 평가 ① 재고자산은 구입가액에 부대비용을 더하고 이에 선입선출법을 적용하여 산정한 가액을 취득원가로 한다. **CPA 20** ② 다만, 실물흐름과 원가산정방법 등에 비추어 다른 방법을 적용하는 것이 보다 합리적이라고 인정되는 경우에는 개별법, 이동평균법 등을 적용하고 그 내용을 주석으로 공시한다. **CPA 20**
(2) 저가법 ① 재고자산의 시가가 취득원가보다 낮은 경우에는 시가를 재정상태표 가액으로 한다. **CPA 19** ② 원재료 외의 재고자산의 시가: 순실현가능가액을 말한다. **CPA 19** ③ 생산과정에 투입될 원재료의 시가: 현재 시점에서 매입하거나 재생산하는 데 드는 현행대체원가를 말한다. **CPA 19**	명시적인 규정 없음

> **참고 plus** [지방자치단체회계] 재고자산손상차손(지방자치단체 복식부기·재무회계 운영규정)
> ① 「지방자치단체 회계기준에 관한 규칙」에는 재고자산에 대한 저가법과 관련한 명시적인 규정이 없다.
> ② 「지방자치단체 복식부기·재무회계 운영규정」에는 진부화, 물리적인 손상 및 시장가치의 급격한 하락 등의 원인으로 인하여 자산의 가치가 장부가액보다 현저하게 떨어져서 회복할 가능성이 없는 것으로 판단되는 경우 자산의 장부가액 (취득원가)을 감액하여 자산손상차손을 인식하도록 규정하고 있다. 특히, 지방자치단체가 보유하고 있는 재고자산이 재해, 망실, 사용 불능 등에 따라 입은 손실에 대해 재고자산손상차손을 인식하도록 규정되어 있다.

05 압수품 및 몰수품의 평가

국가회계기준에 관한 규칙(제36조)	지방자치단체 회계기준에 관한 규칙
① 화폐성 자산: 압류 또는 몰수 당시의 시장가격으로 평가한다. **CPA 20** ② 비화폐성 자산: 압류 또는 몰수 당시의 감정가액 또는 공정가액 등으로 평가한다. 이 경우 그 평가된 가액을 주석으로 표시한다.	규정 없음

국가회계기준에 관한 규칙 (제37조, 제38조, 제38조의2, 제40조)	지방자치단체 회계기준에 관한 규칙 (제49조, 제50조, 제52조)
(1) 일반유형자산의 평가 　① 일반유형자산은 해당 자산의 건설원가 또는 매입가액에 부대비용을 더한 금액을 취득원가로 한다. 　② 일반유형자산은 객관적이고 합리적인 방법으로 추정한 기간에 정액법 등을 적용하여 감가상각한다. **CPA 13** 　③ 일반유형자산에 대한 사용수익권은 해당 자산의 차감항목에 표시한다. **CPA 19** 　　건물　　　　　　　　　××× 　　감가상각누계액　　　　(×××) 　　건물사용수익권　　　　(×××) 　　　　　　　　　　　　×××	(1) 일반유형자산·주민편의시설의 평가 　① 일반유형자산과 주민편의시설은 당해 자산의 건설원가나 매입가액에 부대비용을 더한 취득원가로 평가함을 원칙으로 한다. **CPA 12** 　② 일반유형자산과 주민편의시설 중 상각대상 자산에 대한 감가상각은 정액법을 원칙으로 한다. **CPA 13** 　③ 일반유형자산과 주민편의시설에 대한 사용수익권은 해당 자산의 차감항목으로 표시한다.
(2) 사회기반시설의 평가 　① 사회기반시설의 평가에 관하여는 일반유형자산을 준용한다. 이 경우 감가상각은 건물, 구축물 등 세부 구성요소별로 감가상각한다. 　② 위 ①에도 불구하고 사회기반시설 중 관리·유지 노력에 따라 취득 당시의 용역 잠재력을 그대로 유지할 수 있는 시설에 대해서는 감가상각하지 아니하고 관리·유지에 투입되는 비용으로 감가상각비용을 대체할 수 있다. **CPA 12, 19** 　　→ 다만, 효율적인 사회기반시설 관리시스템으로 사회기반시설의 용역 잠재력이 취득 당시와 같은 수준으로 유지된다는 것이 객관적으로 증명되는 경우로 한정한다. **CPA 19** 　③ 사회기반시설에 대한 사용수익권은 해당 자산의 차감항목에 표시한다. **CPA 19**	(2) 사회기반시설의 평가 　① 사회기반시설의 평가에 관하여는 일반유형자산·주민편의시설을 준용한다. 　② 사회기반시설 중 유지보수를 통하여 현상이 유지되는 도로, 도시철도, 하천부속시설 등은 감가상각대상에서 제외할 수 있다. 　　→ 유지보수에 투입되는 비용과 감가상각을 하지 아니한 이유를 주석으로 공시한다. 　③ 사회기반시설에 대한 사용수익권은 해당 자산의 차감항목으로 표시한다. **CPA 23**
(3) 일반유형자산 및 사회기반시설의 취득 후 지출 　① 내용연수를 연장시키거나 가치를 실질적으로 증가시키는 지출: 자산의 증가로 회계처리한다. **CPA 19** 　② 원상회복시키거나 능률유지를 위한 지출: 비용으로 회계처리한다. **CPA 19**	(3) 자산취득 이후의 지출 　① 당해 자산의 내용연수를 연장시키거나 가치를 실질적으로 증가시키는 지출: 자본적 지출로 처리한다. 　② 당해 자산을 원상회복시키거나 능률유지를 위한 지출: 경상적 지출로 처리한다.
(4) 일반유형자산 및 사회기반시설의 재평가 　① 일반유형자산과 사회기반시설을 취득한 후 재평가할 때에는 공정가액으로 계상하여야 한다. 　**CPA 15, 21** 　　→ 다만, 해당 자산의 공정가액에 대한 합리적인 증거가 없는 경우 등에는 재평가일 기준으로 재생산 또는 재취득하는 경우에 필요한 가격에서 경과연수에 따른 감가상각누계액 및 감액손실누계액을 뺀 가액으로 재평가하여 계상할 수 있다. 　**CPA 18, 21** 　② 재평가의 최초 평가연도, 평가 방법 및 요건 등 세부 회계처리에 관하여는 기획재정부장관이 정한다.	재평가에 대한 규정 없음(자산재평가를 인정하지 않음) **CPA 12, 15, 18**

해커스 김용석 정부회계　**Chapter 08** 자산 및 부채의 평가

1. **유산자산**
   ① 유산자산과 관리토지는 자산으로 인식하지 않는다.
   ② 취득과 관련하여 발생한 비용은 "유산자산취득비" 또는 "관리토지취득비"로 처리한다. **CPA 17**

2. **사용수익권**
   ① 사용수익권이란 국가회계실체 이외의 자가 국가회계실체의 일반유형자산 또는 사회기반시설을 일정 기간 동안 운영하여 수익을 얻을 수 있는 권리를 말한다.
   ② 사용수익권은 해당 자산의 차감항목으로 표시한다.

3. **일반유형자산 및 사회기반시설의 재평가**
   (1) 재평가 사유
   일반유형자산과 사회기반시설은 다음 중 하나의 사유가 존재하는 경우 재평가한다.
   ① 취득 이후 공정가액과 장부가액의 차이가 중요하게 발생한 자산
   ② 국유재산관리 총괄청이 일정 주기를 정하여 재평가하기로 한 자산

   (2) 재평가손익의 인식 및 측정
   ① 자산의 장부가액이 재평가로 인하여 증가된 경우: 그 증가액은 순자산조정인 "자산재평가이익"으로 인식하되, 동일한 자산에 대하여 이전에 재정운영순원가로 반영한 "자산재평가손실"이 있다면 그 금액을 한도로 "자산재평가손실환입"으로 우선 인식한 후 나머지를 "자산재평가이익"으로 인식한다. **CPA 17**
   ② 자산의 장부가액이 재평가로 인하여 감소된 경우: 그 감소액은 "자산재평가손실"의 과목으로 재정운영순원가에 반영하되, 동일한 자산에 대하여 이전에 인식한 순자산조정인 "자산재평가이익"이 있다면 그 금액을 한도로 재평가로 인한 자산 감소액을 "자산재평가이익"에서 우선 차감한 후 나머지를 "자산재평가손실"로 인식한다.

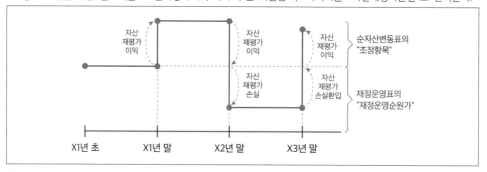

   (3) 자산재평가이익의 상계
   자산의 재평가로 인식한 순자산조정인 "자산재평가이익"은 해당 자산이 감가상각, 처분·폐기될 때 관련 손익과 상계처리한다.
   ① 감가상각대상 자산의 경우 재평가로 인한 자산 증가분에 해당하는 감가상각비는 "자산재평가이익"과 상계한다.
   ② 처분 또는 폐기 시 인식한 처분 및 폐기손익은 이전에 인식한 "자산재평가이익"과 상계한다.

   (4) 재평가 이후 감가상각
   일반유형자산 또는 사회기반시설을 재평가한 경우에는 재평가금액을 재평가시점의 잔존내용연수에 걸쳐 감가상각한다.

참고 Plus [국가회계] 민간투자사업(BTO·BTL) 회계처리지침

1. 민간투자사업

① 민간투자사업: 도로, 학교, 병원 등 일반유형자산 및 사회기반시설을 민간자금으로 건설하고 민간이 운영하는 제도를 말한다.

② 수익형 민자사업(BTO: Build - Transfer - Operate): 민간사업자가 자금을 투자하여 일반유형자산 또는 사회기반시설을 건설하여 자산의 소유권을 국가회계실체로 이전하면, 그 대가로 민간사업자에게는 일정 기간 동안 사용수익권을 인정하는 방식을 말한다. 민간사업자는 동 시설을 운영하면서 사용료를 징수하여 투자비를 회수하게 되며, 주로 도로, 철도 등 수익(통행료 등) 창출이 용이한 시설에 적용된다.

③ 임대형 민자사업(BTL: Build - Transfer - Lease): 일반유형자산 또는 사회기반시설을 민간자금으로 건설하여 자산의 소유권을 국가회계실체로 이전하면, 협약된 기간 동안 민간사업자가 관리운영을 하고 국가회계실체는 민간사업자에게 시설임차 및 사용료를 지급하는 방식을 말한다.

2. 수익형 민자사업(BTO) 방식의 회계처리

   (1) 인식조건

   ① BTO 방식에 의해 취득하는 일반유형자산 또는 사회기반시설은 자산의 준공 후 해당 자산의 소유권이 국가에 귀속된 때에 인식한다.

   ② 민간사업자에게 부여된 관리운영권은 자산을 취득하는 때에 해당 자산의 차감항목인 "사용수익권"으로 인식한다.

   (2) 취득원가

   ① BTO 방식으로 자산을 취득하는 경우에는 취득 당시의 공정가액을 취득원가로 한다. 민간투자비 총액에 부대비용을 더한 금액을 공정가액으로 볼 수 있다.

   ② 해당 자산에 대한 사용수익권은 수증자가 무형자산으로 인식하는 사용수익권과 동일하게 평가한다.

   (3) 감가상각

   ① BTO 방식에 의해 취득하는 일반유형자산과 사회기반시설은 객관적이고 합리적인 방법으로 추정한 기간에 정액법 등을 적용하여 감가상각한다. 다만, 사용수익권 제공기간이 자산 내용연수보다 긴 경우에는 사용수익권 제공기간 동안 감가상각한다.

   ② 위 ①에도 불구하고 사회기반시설 중 관리·유지 노력에 따라 취득 당시의 용역 잠재력을 그대로 유지할 수 있는 시설에 대해서는 감가상각하지 아니하고 관리·유지에 투입되는 비용으로 감가상각비용을 대체할 수 있다.

   (4) 사용수익권의 상각

   사용수익권은 권리의 제공기간에 걸쳐서 수증자와 동일한 금액으로 상각하며 이를 "정부외자산수증"으로 처리한다.

3. 임대형 민자사업(BTL) 방식의 회계처리

   (1) 인식조건

   BTL 방식에 의해 취득하는 일반유형자산 또는 사회기반시설은 자산의 준공 후 해당 자산의 소유권이 국가에 귀속된 때에 인식한다.

   (2) 취득원가

   ① BTL 방식에 의해 일반유형자산 또는 사회기반시설을 취득하는 경우 민간투자비를 자산의 취득원가로 계상한다.

   ② 임대료지급액의 명목가액을 "BTL임대료미지급금"으로 계상한다.

   ③ 임대료지급액의 명목가액과 민간투자비의 차액은 "BTL임대료미지급금현재가치할인차금"으로 계상한다.

   (3) 감가상각

   ① BTL 방식에 의해 취득하는 일반유형자산과 사회기반시설은 객관적이고 합리적인 방법으로 추정한 기간에 정액법 등을 적용하여 감가상각한다.

   ② 위 ①에도 불구하고 사회기반시설 중 관리·유지 노력에 따라 취득 당시의 용역 잠재력을 그대로 유지할 수 있는 시설에 대해서는 감가상각하지 아니하고 관리·유지에 투입되는 비용으로 감가상각비용을 대체할 수 있다.

   (4) 현재가치할인차금의 상각

   ① BTL임대료미지급금현재가치할인(할증)차금은 유효이자율법에 따라 매 회계연도에 상각(환입)하여 재정운영순원가에 반영한다.

   ② 유효이자율이란 금융자산이나 금융부채로부터 만기일까지 기대되는 현금유입액과 현금유출액의 현재가치를 순장부금액과 일치시키는 이자율을 말한다.

07 무형자산의 평가

국가회계기준에 관한 규칙(제39조)	지방자치단체 회계기준에 관한 규칙(제51조)
(1) 취득원가 　　무형자산은 해당 자산의 개발원가 또는 매입가액에 부대비용을 더한 금액을 취득원가로 하여 평가한다. 　　CPA 19	(1) 취득원가 　　무형자산은 당해 자산의 개발원가나 매입가액에 취득부대비용을 더한 가액을 취득원가로 한다.
(2) 상각 　① 무형자산은 정액법에 따라 해당 자산을 사용할 수 있는 시점부터 합리적인 기간 동안 상각한다. 　　CPA 19, 20 　② 상각기간은 독점적·배타적인 권리를 부여하고 있는 관계 법령이나 계약에서 정한 경우를 제외하고는 20년을 초과할 수 없다.　CPA 19	(2) 상각 　① 무형자산은 정액법에 따라 당해 자산을 사용할 수 있는 시점부터 합리적인 기간 동안 상각한다. 　② 독점적·배타적인 권리를 부여하는 관계 법령이나 계약에서 정한 경우를 제외하고는 20년을 넘을 수 없다.

참고 plus 자산취득과 관련된 차입금 등의 이자비용

1. [국가회계] 일반유형자산과 사회기반시설 회계처리지침
   ① 일반유형자산과 사회기반시설의 취득원가는 취득을 위하여 제공한 자산의 공정가액과 취득부대비용을 포함한다.
   ② 다만, 무상으로 취득한 자산에 대하여는 취득한 자산의 공정가액 및 취득부대비용을 취득원가로 한다.
   ③ 자산의 제작, 매입, 건설을 위하여 사용된 자금을 차입금으로 충당하는 경우 동 차입금에 대한 이자비용 등은 원가에 산입하지 않고 발생시점에 비용으로 처리한다.

2. [국가회계] 무형자산 회계처리지침
   ① 무형자산의 취득원가는 취득을 위하여 제공한 자산의 공정가액과 취득부대비용을 포함한다.
   ② 다만, 무형자산을 취득하는 기간 동안 발생한 금융비용은 당기 이자비용으로 인식한다.　CPA 21

3. [지방자치단체회계] 지방자치단체 복식부기·재무회계 운영규정
   ① 일반유형자산, 주민편의시설, 사회기반시설, 무형자산의 경우 일반 매입 과정을 통해 해당 자산을 직접 취득할 수도 있으나, 장기간 건설 또는 취득 과정이 필요한 경우 건설중인자산 과정을 거쳐 취득할 수도 있다.
   ② 해당 공사(사업)와 직접 연관성을 지니는 지방채 또는 차입금에 대한 이자(건설자금이자)는 건설중인자산에 포함하지 않고 이자비용으로 처리한다.

08 융자금과 융자보조원가충당금

국가회계기준에 관한 규칙(제45조)	지방자치단체 회계기준에 관한 규칙
<융자보조원가충당금의 평가> ① 융자보조원가충당금은 융자사업에서 발생한 융자금 원금과 추정 회수가능액의 현재가치와의 차액으로 평가한다. CPA 21 ② 위 ①에서 정한 사항 외에 융자보조원가충당금의 회계처리에 관한 세부 사항은 기획재정부장관이 정하는 바에 따른다. → 융자 회계처리지침	규정 없음

> **참고 Plus** 융자 회계처리지침
> ① 융자사업이란 국가회계실체가 유효이자율보다 낮은 이자율로 융자를 제공하는 사업을 말한다.
> ② 융자금이란 공공기관, 통화금융기관, 비통화금융기관, 기타 민간기관, 지방자치단체 또는 개인에 대한 정부 대여금 중 공공자금관리기금 차관계정을 통하여 대여하는 전대차관대여금을 제외한 나머지 대여금을 말한다.
> ③ 회수가능액이란 융자보조원가충당금 평가시점에 융자금 원리금의 추정 순현금유입액을 말한다.
> ④ 융자보조원가충당금이란 융자금의 원금과 융자금 회수가능액의 순현재가치와의 차액을 말한다.

구분	국가회계	지방자치단체회계
유가증권의 취득원가	총평균법 등	총평균법
재고자산의 취득원가	선입선출법 → 합리적인 경우 개별법, 이동평균법을 적용하고 주석공시	
유형자산	정액법 등	정액법을 원칙
무형자산	정액법	

제2절 | 부채의 평가

01 부채의 평가기준

국가회계기준에 관한 규칙(제41조)	지방자치단체 회계기준에 관한 규칙(제53조)
[원칙] 재정상태표에 표시하는 부채의 가액은 이 규칙에서 따로 정한 경우를 제외하고는 원칙적으로 만기상환가액으로 평가한다. CPA 13, 19	[원칙] 부채의 가액은 회계실체가 지급의무를 지는 채무액을 말하며, 채무액은 이 규칙에서 정하는 것을 제외하고는 만기상환가액으로 함을 원칙으로 한다. CPA 13, 14

02 국채 및 지방채증권의 평가: 현재가치 평가

국가회계기준에 관한 규칙(제42조)	지방자치단체 회계기준에 관한 규칙(제54조)
<국채의 평가> ① 국채는 국채발행수수료 및 발행과 관련하여 직접 발생한 비용을 뺀 발행가액으로 평가한다. CPA 24 ② 국채의 액면가액과 발행가액의 차이는 국채할인(할증)발행차금 과목으로 액면가액에 빼거나 더하는 형식으로 표시하며, 그 할인(할증)발행차금은 발행한 때부터 최종 상환할 때까지의 기간에 유효이자율로 상각 또는 환입하여 국채에 대한 이자비용에 더하거나 뺀다. CPA 20	<지방채증권의 평가> ① 지방채증권은 발행가액으로 평가하되, 발행가액은 지방채증권 발행수수료 및 발행과 관련하여 직접 발생한 비용을 뺀 후의 가액으로 한다. ② 지방채증권의 액면가액과 발행가액의 차이는 지방채할인 또는 할증발행차금으로 하고, 할인 또는 할증발행차금은 증권 발행 시부터 최종 상환 시까지의 기간에 유효이자율 등으로 상각 또는 환입하고 그 상각액 또는 환입액은 지방채증권에 대한 이자비용에 더하거나 뺀다.

> **참고 Plus** [국가회계] 자기국채와 자기공채의 표시(금융자산과 금융부채 회계처리지침)
> 국가회계실체가 발행한 후 재취득하여 보유하고 있는 자기국채(공채)는 발행국채(공채)총액에서 차감하는 형식으로 표시한다.

할인발행차금	할증발행차금
액면가액 > 발행가액	액면가액 < 발행가액
액면가액 - 할인발행차금 = 장부가액	액면가액 + 할증발행차금 = 장부가액
유효이자율로 상각하여 이자비용에 더함	유효이자율로 환입하여 이자비용에서 뺌

03 연금충당부채의 평가

국가회계기준에 관한 규칙(제44조)	지방자치단체 회계기준에 관한 규칙
연금충당부채는 기획재정부장관이 따로 정하는 방법으로 평가한다. → 연금 회계처리지침	규정 없음(연금충당부채를 인식하지 않음) CPA 15

> **참고 plus** 연금 회계처리지침
> ① 연금추정지급액이란 재정상태표일 현재의 연금가입자에게 근무용역에 대한 대가로, 장래 예상퇴직시점에 지급하여야 할 금액으로 예상퇴직시점의 장래 추정보수와 전체추정근무기간 등 보험수리적 가정을 반영하여 산정한 것을 말한다. **CPA 21**
> ② 연금충당부채란 연금추정지급액 중 재정상태표일 현재의 재직기간까지 귀속되는 금액을 평가시점의 현재가치로 산정한 것을 말한다. **CPA 23**
> ③ 연금충당부채는 공무원연금 및 군인연금에 대하여 인식한다.

04 퇴직급여충당부채의 평가

국가회계기준에 관한 규칙(제43조)	지방자치단체 회계기준에 관한 규칙(제55조)
① 퇴직급여충당부채는 재정상태표일 현재 「공무원연금법」 및 「군인연금법」을 적용받지 아니하는 퇴직금 지급대상자가 일시에 퇴직할 경우 지급하여야 할 퇴직금으로 평가한다. **CPA 20**	① 퇴직급여충당부채는 회계연도 말 현재 「공무원연금법」을 적용받는 지방공무원을 제외한 무기계약근로자 등이 일시에 퇴직할 경우 지방자치단체가 지급하여야 할 퇴직금에 상당한 금액으로 한다.
② 퇴직금산정명세, 퇴직금추계액, 회계연도 중 실제로 지급한 퇴직금 등은 주석으로 표시한다.	② 퇴직금 지급규정, 퇴직금 산정내역, 회계연도 중 실제로 지급한 퇴직금 등은 주석으로 공시한다.

05 보험충당부채의 평가

국가회계기준에 관한 규칙(제44조)	지방자치단체 회계기준에 관한 규칙
보험충당부채는 기획재정부장관이 따로 정하는 방법으로 평가한다. → 보험 회계처리지침	규정 없음(보험충당부채를 인식하지 않음)

> **참고 plus** 보험 회계처리지침
> ① 보험사업이란 국가회계실체가 개인이나 법인에게 특정한 위험에 대해 보장을 제공하는 사업으로, 사회보험사업(고용보험, 산업재해보험)을 제외한다.
> ② 보험사업은 보험충당부채를 인식하고, 사회보험사업은 사회보험부채를 인식한다.
> ③ 보험자는 ㉠ 보험계약에 대해 장래 보험금의 지급이 발생할 가능성이 매우 높고 ㉡ 그 금액을 신뢰성 있게 측정할 수 있을 때 보험충당부채를 인식한다.
> ④ 보험충당부채는 ㉠ 재정상태표일 이전에 보험사고가 발생하였으나 미지급된 보험금 지급예상액과 ㉡ 재정상태표일 현재 보험사고가 발생하지는 않았으나 장래 발생할 보험사고를 대비하여 적립하는 지급예상액으로 구성된다.

06 보증충당부채의 평가

국가회계기준에 관한 규칙(제45조)	지방자치단체 회계기준에 관한 규칙
① 보증충당부채는 보증약정 등에 따른 피보증인인 주채무자의 채무불이행에 따라 국가회계실체가 부담하게 될 추정 순현금유출액의 현재가치로 평가한다. **CPA 19, 23** ② 위 ①에서 정한 사항 외에 보증충당부채의 회계처리에 관한 세부 사항은 기획재정부장관이 정하는 바에 따른다. → 보증 회계처리지침	규정 없음(보증충당부채를 인식하지 않음)

> **참고 plus** 보증 회계처리지침
> ① 신용보증사업이란 국가회계실체가 담보능력이 미약한 자 등의 채무에 대한 지급을 보증하는 사업을 말한다.
> ② 국가회계실체는 ⊙ 보증약정 등의 규정에 따른 보증채무를 이행할 가능성이 매우 높고 ⓒ 그 금액을 신뢰성 있게 측정할 수 있을 때 "보증충당부채"를 인식한다.
> ③ 보증충당부채는 보증약정 등에 따른 피보증인인 주채무자의 채무불이행에 따라 국가회계실체가 부담하게 될 추정 순현금유출액의 현재가치로 평가한다.

제3절 | 기타의 자산·부채 평가

01 장기채권·채무의 현재가치에 따른 평가

국가회계기준에 관한 규칙(제46조)	지방자치단체 회계기준에 관한 규칙(제56조)
① 장기연불조건의 거래, 장기금전대차거래 또는 이와 유사한 거래에서 발생하는 채권·채무로서 명목가액과 현재가치의 차이가 중요한 경우 현재가치로 평가한다. **CPA 13, 19, 21** ② 현재가치 가액은 해당 채권·채무로 미래에 받거나 지급할 총금액을 해당 거래의 유효이자율로 할인한 가액으로 한다. → 다만, 유효이자율을 확인하기 어려운 경우에는 유사한 조건의 국채 유통수익률을 적용한다. ③ 채권·채무의 명목가액과 현재가치 가액의 차액인 현재가치할인차금은 유효이자율로 매 회계연도에 환입하거나 상각하여 재정운영순원가에 반영한다.	① 장기연불조건의 매매거래, 장기금전대차거래 또는 이와 유사한 거래에서 발생하는 채권·채무로서 명목가액과 현재가치의 차이가 중요한 경우 현재가치로 평가한다. **CPA 13, 15, 20** ② 현재가치는 당해 채권·채무로 인하여 받거나 지급할 총금액을 적절한 이자율로 할인한 가액으로 한다. **CPA 20** ③ 적절한 할인율은 당해 거래의 유효이자율을 적용한다. 다만, 당해 거래의 유효이자율을 확인하기 어려운 경우에는 유사한 조건의 국채수익률을 적용한다. **CPA 20** ④ 채권·채무의 명목가액과 현재가치의 차액은 현재가치할인차금의 과목으로 하여 당해 채권·채무의 명목가액에서 빼는 방식으로 기록하고 적용한 할인율, 기간 및 회계처리방법 등은 주석으로 공시한다.

> **참고 plus** [국가회계] 금융자산과 금융부채 회계처리지침
>
> 1. 미수채권 등의 취득원가
>   ① 장기연불조건의 거래, 장기금전대차거래 또는 이와 유사한 거래에서 발생하는 미수채권, 대여금 등으로서 명목가액과 현재가치의 차이가 중요한 경우에는 현재가치를 취득원가로 한다. 다만, 미수채권 중 "장기미수국세", 대여금 중 "전대차관대여금", "정부내예탁금"은 현재가치로 평가하지 아니한다. **CPA 24**
>   ② ①에 따른 현재가치는 해당 금융자산으로 미래에 받을 총금액을 해당 거래의 유효이자율(유효이자율을 확인하기 어려운 경우에는 유사한 조건의 국채 유통수익률을 말한다)로 할인한 가액으로 한다.
>   ③ ①에 따라 발생하는 금융자산의 명목가액과 현재가치 가액의 차액인 "현재가치할인차금"은 해당 자산의 차감항목으로 표시한다.
>
> 2. 차입금 등의 최초 측정
>   ① 장기연불조건의 거래, 장기금전대차거래 또는 이와 유사한 거래에서 발생하는 차입금, 미지급금 등으로서 명목가액과 현재가치의 차이가 중요한 경우에는 현재가치로 평가한다. 다만, 차입금 중 "전대차관"과 "정부내예수금"은 현재가치로 평가하지 아니한다.
>   ② ①에 따른 현재가치 가액은 해당 금융부채로 인해 미래에 지급할 총금액을 해당 거래의 유효이자율(유효이자율을 확인하기 어려운 경우에는 유사한 조건의 국채 유통수익률을 말한다)로 할인한 가액으로 한다.
>   ③ 명목가액과 현재가치 가액의 차액은 "현재가치할인차금"으로 금융부채의 명목가액에서 차감하는 형식으로 표시한다.

02 리스에 따른 자산과 부채의 평가

국가회계기준에 관한 규칙(제48조)	지방자치단체 회계기준에 관한 규칙(제58조)
(1) 리스의 개념 및 구분 ① 리스는 일정 기간 설비 등 특정 자산의 사용권을 리스회사로부터 이전받고, 그 대가로 사용료를 지급하는 계약을 말한다. ② 리스는 다음과 같이 구분한다. 　a. 금융리스: 리스자산의 소유에 따른 위험과 효익이 실질적으로 리스이용자에게 이전되는 리스 　b. 운용리스: 금융리스 외의 리스	(1) 리스의 개념 및 구분 ① 리스는 지방자치단체가 일정 기간 설비 등 특정 자산의 사용권을 리스회사로부터 이전받고, 그 대가로 사용료를 지급하는 계약을 말한다. ② 리스는 다음과 같이 구분한다. 　a. 금융리스: 리스자산의 소유에 따른 위험과 효익이 실질적으로 리스이용자에게 이전되는 리스 　b. 운용리스: 금융리스 외의 리스
(2) 리스의 평가 ① 금융리스: 리스료를 내재이자율로 할인한 가액과 리스자산의 공정가액 중 낮은 금액을 리스자산과 리스부채로 각각 계상하여 감가상각한다. CPA 15, 21 ② 운용리스: 리스료를 해당 회계연도의 비용으로 회계처리한다.	(2) 리스의 평가 ① 금융리스: 리스료를 내재이자율로 할인한 가액과 리스자산의 공정가액 중 낮은 금액을 리스자산과 리스부채로 각각 계상하여 감가상각한다. CPA 15 ② 운용리스: 리스료를 해당 회계연도의 비용으로 회계처리한다.

	금융리스	운용리스
[리스개시일]	(차) 리스자산　××× (대) 리스부채　×××	- 회계처리 없음 -
[회계연도 말]	(차) 감가상각비　××× (대) 감가상각누계액 ×××	- 회계처리 없음 -
[리스료 지급 시]	(차) 이자비용　××× (대) 국고금　××× 　　　리스부채　×××	(차) 리스료　××× (대) 국고금　×××

03 외화자산 및 외화부채의 평가

국가회계기준에 관한 규칙(제47조)	지방자치단체 회계기준에 관한 규칙(제57조)
(1) 화폐성 외화자산과 화폐성 외화부채 ① 재정상태표일 현재의 적절한 환율로 평가한다. **CPA 15, 19** ② 환율변동효과는 외화평가손실 또는 외화평가이익의 과목으로 하여 재정운영순원가에 반영한다. **CPA 19, 21**	(1) 화폐성 외화자산과 화폐성 외화부채 회계연도 종료일 현재의 적절한 환율로 평가한 가액을 재정상태표 가액으로 한다. **CPA 15**

(2) 비화폐성 외화자산과 비화폐성 외화부채
① 역사적원가로 측정하는 경우: 해당 자산을 취득하거나 해당 부채를 부담한 당시의 적절한 환율로 평가한다.
CPA 15, 24
② 공정가액으로 측정하는 경우: 공정가액이 측정된 날의 적절한 환율로 평가한다. **CPA 24**
  ㉠ 비화폐성 외화자산과 비화폐성 외화부채에서 발생한 손익을 조정항목에 반영하는 경우: 그 손익에 포함된 환율변동효과도 해당 조정항목에 반영
  CPA 20
  ㉡ 비화폐성 외화자산과 비화폐성 외화부채에서 발생한 손익을 재정운영순원가에 반영하는 경우: 그 손익에 포함된 환율변동효과도 해당 재정운영순원가에 반영
	(2) 비화폐성 외화자산과 비화폐성 외화부채
	해당 자산을 취득하거나 해당 부채를 부담한 당시의 적절한 환율로 평가한 가액을 재정상태표 가액으로 함을 원칙으로 한다. **CPA 15**

(3) 기타 ① 화폐성 외화자산과 화폐성 외화부채는 화폐가치의 변동과 상관없이 자산과 부채의 금액이 계약 등에 의하여 일정 화폐액으로 확정되었거나 결정 가능한 경우의 자산과 부채를 말한다. 다만, 화폐성과 비화폐성의 성질을 모두 가지고 있는 외화자산과 외화부채는 해당 자산과 부채의 보유목적이나 성질에 따라 구분한다. ② 중요한 외화자산과 외화부채의 내용, 평가기준 및 평가손익의 내용은 주석으로 표시한다.	(3) 기타 화폐성 외화자산과 화폐성 외화부채는 외화예금, 외화융자금, 외화차입금 등과 같이 화폐가치의 변동과 상관없이 자산과 부채금액이 계약 및 기타의 원인에 의하여 일정액의 화폐액으로 고정되어 있는 경우의 당해 자산과 부채를 말한다.

Chapter 08 자산 및 부채의 평가

04 파생상품의 평가

국가회계기준에 관한 규칙(제49조)	지방자치단체 회계기준에 관한 규칙
① 파생상품은 해당 계약에 따라 발생한 권리와 의무를 각각 자산 및 부채로 계상하여야 하며, 공정가액으로 평가한 금액을 재정상태표 가액으로 한다. ② [원칙] 파생상품에서 발생한 평가손익은 발생한 시점에 재정운영순원가에 반영한다. 　[예외] 미래예상거래의 현금흐름변동위험을 회피하는 계약에서 발생하는 평가손익은 순자산변동표의 조정항목 중 파생상품평가손익으로 표시한다. ③ 파생상품 거래는 그 거래목적 및 거래명세 등을 주석으로 표시한다. 이 경우 위험회피목적의 파생상품 거래인 경우에는 위험회피 대상항목, 위험회피 대상범위, 위험회피 활동을 반영하기 위한 회계처리방법, 이연된 손익금액 등을 표시한다.	규정 없음

05 충당부채, 우발부채, 우발자산(우발상황)

국가회계기준에 관한 규칙(제50조)	지방자치단체 회계기준에 관한 규칙(제59조)
(1) 충당부채 　① 지출시기 또는 지출금액이 불확실한 부채를 말한다. 　② 현재의무의 이행에 소요되는 지출에 대한 최선의 추정치를 재정상태표 가액으로 한다. 　③ 추정치 산정 시에는 관련된 사건과 상황에 대한 위험과 불확실성을 고려하여야 한다.	(1) 우발상황 　① 우발상황은 미래에 어떤 사건이 발생하거나 발생하지 아니함으로 인하여 궁극적으로 확정될 손실 또는 이익으로서 발생 여부가 불확실한 현재의 상태 또는 상황을 말한다. **CPA 23** 　② 우발상황에는 진행 중인 소송사건, 채무에 대한 지급보증, 배상책임 등이 포함된다. (2) 충당부채 　재정상태표 보고일 현재 우발손실의 발생이 확실하고 그 손실금액을 합리적으로 추정할 수 있는 경우: 우발손실을 재무제표에 반영하고 그 내용을 주석으로 표시한다. **CPA 15, 23**
(2) 우발부채 　우발부채는 다음 ① 또는 ②에 해당하는 의무를 말하며, 의무를 이행하기 위하여 경제적 효익이 있는 자원이 유출될 가능성이 희박하지 않는 한 주석에 공시한다. 　① 과거의 거래나 사건으로 발생하였으나, 국가회계실체가 전적으로 통제할 수 없는 하나 이상의 불확실한 미래 사건의 발생 여부로만 그 존재 유무를 확인할 수 있는 잠재적 의무 　② 과거의 거래나 사건으로 발생하였으나, 해당의무를 이행하기 위하여 경제적 효익이 있는 자원을 유출할 가능성이 매우 높지 않거나, 그 금액을 신뢰성 있게 측정할 수 없는 경우에 해당하여 인식하지 아니하는 현재의 의무	(3) 우발부채 　재정상태표 보고일 현재 우발손실의 발생이 확실하지 아니하거나 우발손실의 발생은 확실하지만 그 손실금액을 합리적으로 추정할 수 없는 경우: 우발상황의 내용, 우발손실에 따른 재무적 영향을 주석으로 표시한다.

국가회계기준에 관한 규칙(제50조)	지방자치단체 회계기준에 관한 규칙(제59조)
(3) 우발자산 ① 우발자산은 과거의 거래나 사건으로 발생하였으나 국가회계실체가 전적으로 통제할 수 없는 하나 이상의 불확실한 미래 사건의 발생 여부로만 그 존재 유무를 확인할 수 있는 잠재적 자산을 말한다. **CPA 19** ② 경제적 효익의 유입 가능성이 매우 높은 경우 주석에 공시한다. **CPA 19**	(4) 우발자산 우발이익의 발생이 확실하고 그 이익금액을 합리적으로 추정할 수 있는 경우: 우발상황의 내용을 주석으로 표시한다.

(1) 국가회계기준에 관한 규칙

① 충당부채와 우발부채

구분		㉠ 과거 사건에 의한 현재의무		과거 사건에 의한 잠재적 의무
		이행에 필요한 금액의 신뢰성 있는 측정		
		㉢ 측정이 가능함	측정할 수 없음	
경제적 효익이 있는 자원의 유출 가능성	㉡ 매우 높음	재정상태표에 부채 인식	우발부채 주석공시	우발부채 주석공시
	매우 높지 않음	우발부채 주석공시	우발부채 주석공시	우발부채 주석공시
	희박함	공시하지 않음	공시하지 않음	공시하지 않음

② 우발자산: 경제적 효익의 유입 가능성이 매우 높은 경우 주석공시

> **참고 plus** [국가회계] 충당부채, 우발부채, 우발자산 회계처리지침
> ① 충당부채로 인식하는 금액은 현재의무의 이행에 소요되는 지출에 대한 재정상태표일 현재 최선의 추정치이어야 한다.
> ② 최선의 추정치는 재정상태표일 현재 시점에 의무를 직접 이행하거나 제3자에게 이전시키는 경우에 지급하여야 하는 금액이다. **CPA 23**

(2) 지방자치단체 회계기준에 관한 규칙

① 충당부채와 우발부채

구분		손실금액의 합리적 추정	
		㉡ 추정이 가능함	추정할 수 없음
우발손실의 발생	㉠ 확실함	재정상태표에 부채 인식	우발손실 주석공시
	확실하지 않음	우발손실 주석공시	우발손실 주석공시

② 우발자산: 우발이익의 발생이 확실하고 이익금액을 합리적으로 추정할 수 있는 경우 주석공시

06 회계변경(회계정책과 회계추정의 변경)

국가회계기준에 관한 규칙(제51조)	지방자치단체 회계기준에 관한 규칙(제60조)
(1) 회계정책 및 회계추정의 변경을 할 수 있는 경우 ① 그 변경으로 재무제표를 보다 적절히 표시할 수 있는 경우 ② 법령 등에서 새로운 회계기준을 채택하거나 기존의 회계기준을 폐지함에 따라 변경이 불가피한 경우	(1) 회계정책 및 회계추정의 변경을 할 수 있는 경우 ① 그 변경으로 재무제표를 보다 적절히 표시할 수 있는 경우 ② 법령 등에서 새로운 회계기준을 채택하거나 기존의 회계기준을 폐지하여 변경이 불가피한 경우
(2) 회계정책의 변경 ① [원칙] 회계정책의 변경에 따른 영향은 비교표시되는 직전 회계연도의 순자산 기초금액 및 기타 대응금액을 새로운 회계정책이 처음부터 적용된 것처럼 조정한다. ② [예외] 다만, 회계정책의 변경에 따른 누적효과를 합리적으로 추정하기 어려운 경우에는 회계정책의 변경에 따른 영향을 해당 회계연도와 그 회계연도 후의 기간에 반영할 수 있다. ③ 회계정책을 변경한 경우에는 그 변경내용, 변경사유 및 변경에 따라 해당 회계연도의 재무제표에 미치는 영향을 주석으로 표시한다. 다만, 회계정책의 변경에 따른 누적효과를 합리적으로 추정하기 어려운 경우에는 다음 내용을 주석으로 표시한다. a. 누적효과를 합리적으로 추정하기 어려운 사유 b. 회계정책 변경의 적용방법 c. 회계정책 변경의 적용시기	(2) 회계정책의 변경 ① [원칙] 회계정책의 변경에 따른 영향은 비교표시되는 직전 회계연도의 기초순자산 및 그 밖의 대응금액을 새로운 회계정책이 처음부터 적용된 것처럼 조정한다. CPA 12, 20, 23 ② [예외] 다만, 회계정책의 변경에 따른 누적효과를 합리적으로 추정하기 어려운 경우에는 회계정책의 변경에 따른 영향을 해당 회계연도와 그 회계연도 후의 기간에 반영할 수 있다. CPA 20 ③ 회계정책 또는 회계추정을 변경한 경우에는 그 변경내용, 변경사유 및 변경이 해당 회계연도의 재무제표에 미치는 영향을 주석으로 표시한다.
(3) 회계추정의 변경 ① 회계추정의 변경에 따른 영향은 해당 회계연도 이후의 기간에 미치는 것으로 한다. ② 회계추정을 변경한 경우에는 그 변경내용, 변경사유 및 변경에 따라 해당 회계연도의 재무제표에 미치는 영향을 주석으로 표시한다.	(3) 회계추정의 변경 ① 회계추정의 변경에 따른 영향은 해당 회계연도 후의 기간에 미치는 것으로 한다. ② 회계정책 또는 회계추정을 변경한 경우에는 그 변경내용, 변경사유 및 변경이 해당 회계연도의 재무제표에 미치는 영향을 주석으로 표시한다.

국가회계기준에 관한 규칙(제51조)	지방자치단체 회계기준에 관한 규칙(제60조)
(1) 오류수정사항의 개념 오류수정사항이란 회계기준 또는 법령 등에서 정한 기준에 합당하지 아니한 경우를 말한다.	(1) 오류수정의 개념 오류의 수정은 전년도 이전에 발생한 회계기준적용의 오류, 추정의 오류, 계정분류의 오류, 계산상의 오류, 사실의 누락 및 사실의 오용 등을 수정하는 것을 말한다.
(2) 전기오류수정의 처리방법 전 회계연도 또는 그 전 기간에 발생한 오류는 다음의 구분에 따라 처리한다. ① 중대한 오류 　a. 오류가 발생한 회계연도 재정상태표의 순자산에 반영하고, 관련된 계정잔액을 수정한다. 　b. 비교재무제표를 작성할 때에는 중대한 오류의 영향을 받는 회계기간의 재무제표 항목을 다시 작성한다. ② 중대한 오류 외의 오류: 해당 회계연도의 재정운영표에 반영한다.	(2) 오류수정의 처리방법 오류의 수정은 다음의 구분에 따라 처리한다. ① 중대한 오류 　a. 오류가 발생한 회계연도 재정상태표의 순자산에 반영하고, 관련된 계정잔액을 수정한다. 　b. 비교재무제표를 작성할 때에는 중대한 오류의 영향을 받는 회계기간의 재무제표 항목을 다시 작성한다. ② 중대한 오류 외의 오류: 해당 회계연도의 재정운영표에 반영한다.
(3) 주석사항 전 회계연도 이전에 발생한 오류수정사항은 주석으로 표시하되, 중대한 오류를 수정한 경우에는 다음 사항을 주석으로 포함한다. ① 중대한 오류로 판단한 근거 ② 비교재무제표에 표시된 과거회계기간에 대한 수정금액 ③ 비교재무제표가 다시 작성되었다는 사실	(3) 주석사항 회계변경과 오류수정의 회계처리에 대한 사항은 주석으로 표시하되, 중대한 오류를 수정한 경우에는 다음 사항을 주석으로 포함한다. ① 중대한 오류로 판단한 근거 ② 비교재무제표에 표시된 과거회계기간에 대한 수정금액 ③ 비교재무제표가 다시 작성되었다는 사실

08 **재정상태표 보고일 이후 발생한 사건**

국가회계기준에 관한 규칙	지방자치단체 회계기준에 관한 규칙(제61조)
규정 없음	① 재정상태표 보고일 이후 발생한 사건은 회계연도의 말일인 재정상태표 보고일과 「지방회계법」에 따른 출납사무 완결기한(다음 연도 2월 10일) 사이에 발생한 사건으로서 재정상태표 보고일 현재 존재하였던 상황에 대한 추가적 증거를 제공하는 사건을 말한다. **CPA 18** ② 재정상태표 보고일 이후 발생한 사건의 회계처리에 대해서는 행정안전부장관이 정한다.

참고 plus [지방자치단체회계] 재정상태표 보고일 이후 발생한 사건(지방자치단체 복식부기·재무회계 운영규정)

1. 재정상태표 보고일 이후 발생한 사건은 그 영향을 당해 회계연도의 재무제표에 반영한다.
    ① 재무제표에 이미 인식한 추정치는 그 금액을 수정한다.
    ② 재무제표에 인식하지 아니한 항목은 이를 새로이 인식한다.
2. 주석은 재무제표의 일부이므로 주석에 기재될 사항이 변경되는 경우에도 이를 반영해야 한다.

제4절 | 융자·연금·보험·보증 회계처리지침

01 융자 회계처리지침

(1) 융자사업과 융자금의 개념

① 융자사업이란 국가회계실체가 유효이자율보다 낮은 이자율로 융자를 제공하는 사업을 말한다.

② 융자금이란 공공기관, 통화금융기관, 비통화금융기관, 기타 민간기관, 지방자치단체 또는 개인에 대한 정부 대여금 중 공공자금관리기금 차관계정을 통하여 대여하는 전대차관대여금을 제외한 나머지 대여금을 말한다.

<융자금 실행 시 회계처리>

(차) 융자금	×××	(대) 국고금	×××

(2) 융자보조원가충당금의 최초 인식

① 융자보조원가충당금은 융자 실행 당시 융자금 원금에서 회수가능액의 현재가치를 빼서 계산한다.

> 융자보조원가충당금 = 융자금 원금 − 융자금 회수가능액의 현재가치

a. 회수가능액의 현재가치는 융자금으로부터의 추정 순현금유입액을 유효이자율로 할인한 가액으로 한다. CPA 22

b. 유효이자율은 융자금과 만기가 유사한 국채이자율을 적용한다. 다만, 해당 융자사업을 위해 직접적으로 조달된 재원이 있는 경우 해당 재원의 조달이자율을 적용할 수 있다. 이 경우 직접적으로 조달된 재원이 둘 이상일 경우에는 가중평균한 이자율을 적용한다.

② 평가결과 발생하는 융자보조원가충당금은 당기 "융자보조비용"에 가산한다.

<융자보조원가충당금의 최초 인식 시 회계처리>

(차) 융자보조비용	×××	(대) 융자보조원가충당금	×××

③ 융자보조원가충당금은 해당 융자금에서 빼는 형식으로 재정상태표에 표시한다.

> 융자금 원금
> − 융자보조원가충당금
> 융자금 장부가액

(3) 융자보조원가충당금의 상각

① 융자보조원가충당금은 유효이자율법에 따라 상각한다.

② 융자보조원가충당금 상각액은 유효이자율에 의해 계산한 이자수익에서 명목이자금액을 빼서 계산한다.

> 융자보조원가충당금 상각액 = 유효이자율에 의해 계산한 이자수익 - 명목이자금액

<융자보조원가충당금의 상각 시 회계처리>

(차)	융자보조원가충당금	×××	(대)	융자금이자수익	×××
	국고금	×××			

(4) 융자보조원가충당금의 평가

① 융자보조원가충당금은 매년 재정상태표일을 기준으로 평가한다. CPA 22
② 융자보조원가충당금을 평가할 때에는 융자보조원가충당금 최초 인식 시 적용한 유효이자율을 계속 적용한다. CPA 22
③ 융자보조원가충당금을 평가할 때에는 융자금의 조기상환, 채무불이행, 체납 및 회수, 기타 현금유출과 유입에 영향을 주는 요소를 고려한다.
④ 변경 전 융자보조원가충당금 잔액에서 변경 후 융자보조원가충당금을 차감하여 융자보조원가충당금 변경액을 산출한다.

> 융자보조원가충당금 변경액 = 변경 전 융자보조원가충당금 - 변경 후 융자보조원가충당금

> 변경 후 융자보조원가충당금 = (잔여) 융자금 원금 - (잔여) 융자금 회수가능액의 현재가치
> a. (잔여) 융자금 원금: 직전 재정상태표일 현재 융자금 원금 - 당 회계연도 현금회수액
> b. (잔여) 융자금 회수가능액의 현재가치: 평가시점에 추정한 변경된 융자금 순현금유입액을 융자금 실행 시 사용한 유효이자율로 할인

⑤ 융자보조원가충당금 변경액을 당기의 "융자보조비용"에 더하거나 뺀다. 이 경우 "융자보조비용"에서 융자보조원가충당금 감소액을 뺀 금액이 음인 경우 그 차액을 "융자보조원가충당금환입"으로 인식한다. CPA 22

<변경 후 융자보조원가충당금이 증가한 경우 회계처리>

(차)	융자보조비용	×××	(대)	융자보조원가충당금	×××

<변경 후 융자보조원가충당금이 감소한 경우 회계처리>

(차)	융자보조원가충당금	×××	(대)	융자보조비용	×××
				융자보조원가충당금환입	×××

(5) 융자금의 매각

① 융자금의 매각에 따른 매각이익이나 매각손실은 매각된 융자금의 장부가액에서 순매각액을 뺀 금액으로 한다. 이때, 순매각액은 매각액에서 수수료 등 매각부대비용을 뺀 금액을 말한다.
② 융자금의 매각손실이나 매각이익은 당기 "융자보조비용"에 더하거나 뺀다. 이 경우 "융자보조비용"에서 매각이익을 뺀 금액이 음인 경우 "융자보조원가충당금환입"으로 인식한다. CPA 14

<융자금을 매각하여 매각손실이 발생한 경우 회계처리>

(차)	융자보조원가충당금	×××	(대)	융자금	×××
	국고금	×××			
	융자보조비용	×××			

<융자금을 매각하여 매각이익이 발생한 경우 회계처리>

(차)	융자보조원가충당금	×××	(대)	융자금	×××
	국고금	×××		융자보조비용	×××
				융자보조원가충당금환입	×××

(6) 융자금의 대손

① 융자금의 회수가 불가능한 것으로 확정된 경우 융자금과 융자보조원가충당금의 잔액을 재무제표에서 제거한다.

② 융자금에서 융자보조원가충당금을 뺀 금액은 "융자보조비용"으로 인식한다.

<융자금에서 대손이 발생한 경우 회계처리>

| (차) | 융자보조원가충당금 | ××× | (대) | 융자금 | ××× |
| | 융자보조비용 | ××× | | | |

(7) 수익과 비용의 인식

① 융자금의 원금에 대한 이자수익은 유효이자율법에 따라 인식한다. 다만, 원금이나 이자 등의 회수가 불확실한 경우에는 현금을 수취하는 시점에 인식한다.

② 융자보조원가충당금과 관련하여 인식한 "융자보조비용"과 "융자보조원가충당금환입"은 각각 프로그램총원가와 프로그램수익에 포함한다.   CPA 14

③ 융자사업의 관리에 필요한 신용조사비용, 법률자문비용 등은 "관리운영비"에 포함한다.   CPA 14

(8) 융자금 및 융자보조원가충당금의 표시

① 융자금은 재정상태표일을 기준으로 회수일이 1년 이내에 도래하는 경우 유동자산의 "단기대여금"으로 분류하고 1년 후에 도래하는 경우 투자자산의 "장기대여금"으로 분류한다. 다만, 재정상태표일 현재 해당 투자자산의 회수일이 1년 이내인 경우에는 유동성대체를 통하여 유동자산의 "단기대여금"으로 재분류한다.

② 융자보조원가충당금은 해당 융자금에서 빼는 형식으로 재정상태표에 표시한다.

사례 3 융자금의 일반적인 회계처리

(1) 20×1년 초에 국가회계실체는 융자프로그램으로 원금 ₩100,000의 융자금을 실행하였다.

(2) 융자조건은 만기 3년, 액면이자율 10%이며, 매 회계연도 말에 액면이자를 수취한다.

(3) 융자금 원금은 전액 만기시점에 일시상환방식이다.

(4) 융자금이 지급된 회계기간에 유사한 만기를 가지는 국채의 평균이자율은 12%이다.

(5) 20×1년 말에 액면이자는 정상적으로 수취하였다.

(6) 20×1년 말에 융자금의 회수가능액을 추정한 결과 20×2년 말 및 20×3년 말에 액면이자는 정상적으로 수취할 수 있으나, 융자금 원금은 20×3년 말에 ₩50,000만 회수가능할 것으로 추정되었다.

[물음 1] 20×1년 말까지의 회계처리를 하시오.

① 20×1년 초 융자금 회수가능액의 현재가치

$$₩95,196 = \frac{₩10,000}{1.12} + \frac{₩10,000}{1.12^2} + \frac{₩110,000}{1.12^3}$$

---

② 20×1년 초 융자보조원가충당금

= 융자금 원금 - 융자금 회수가능액의 현재가치

= ₩100,000 - ₩95,196 = ₩4,804

③ 유효이자율법에 의한 상각표

일자	장부금액	유효이자(12%)	액면이자(10%)	상각액
20×1년 초	95,196			
20×1년 말	96,620	11,424	10,000	1,424
20×2년 말	98,214	11,594	10,000	1,594
20×3년 말	100,000	11,786	10,000	1,786
		34,804	30,000	4,804

④ 20×1년 말 융자금 회수가능액의 현재가치

$$₩56,760 = \frac{₩10,000}{1.12} + \frac{₩60,000}{1.12^2}$$

⑤ 20×1년 말 융자보조원가충당금

= 융자금 원금 - 융자금 회수가능액의 현재가치

= ₩100,000 - ₩56,760 = ₩43,240

⑥ 재정상태표 표시

구분	20×1년 초	20×1년 말(변경 전)	20×1년 말(변경 후)
융자금	100,000	100,000	100,000
융자보조원가충당금	(4,804)	(3,380)	(43,240)
장부가액	95,196	96,620	56,760

a. 20×1년 말 융자보조원가충당금 상각액

= 유효이자율에 의해 계산한 이자수익 - 명목이자금액

= ₩95,196 × 12% - ₩10,000 = ₩11,424 - ₩10,000 = ₩1,424

b. 20×1년 말 융자보조원가충당금 변경액

= 변경 전 융자보조원가충당금 - 변경 후 융자보조원가충당금

= ₩3,380 - ₩43,240 = ₩(39,860)

⑦ 회계처리

```
<20×1년 초>
(차) 융자금                      100,000   (대) 국고금                        100,000
(차) 융자보조비용                   4,804   (대) 융자보조원가충당금               4,804

<20×1년 말>
(차) 국고금                       10,000   (대) 융자금이자수익                 11,424
     융자보조원가충당금             1,424
(차) 융자보조비용                  39,860   (대) 융자보조원가충당금              39,860
```

[물음 2] 20×2년 초에 융자금 전액을 ₩40,000에 매각하였다고 가정할 경우의 회계처리를 하시오.

```
(차) 국고금                       40,000   (대) 융자금                        100,000
     융자보조원가충당금            43,240
     융자보조비용                 16,760
```

[물음 3] 20×2년 초에 융자금 전액에 대하여 대손이 확정되었다고 가정할 경우의 회계처리를 하시오.

```
(차) 융자보조원가충당금            43,240   (대) 융자금                        100,000
     융자보조비용                 56,760
```

02 연금 회계처리지침

(1) 연금사업의 개념

① 연금사업이란 「공무원연금법」, 「군인연금법」, 「사립학교교직원 연금법」 및 「국민연금법」에 따라 연금가입자의 퇴직, 노령, 장애 또는 사망 등에 대하여 연금 등을 지급하는 사업을 말한다.

공무원연금, 군인연금	사립학교교직원연금, 국민연금
㉠ 연금추정지급액이란 재정상태일 현재의 연금가입자에게 근무용역에 대한 대가로, 장래 예상퇴직시점에 지급하여야 할 금액으로 예상퇴직시점의 장래 추정보수와 전체추정근무기간 등 보험수리적 가정을 반영하여 산정한 것을 말한다. CPA 21	재정상태일 현재 지급기일이 도래하였으나 지급하지 않은 연금지급액 및 환급금을 "연금미지급금"으로 인식한다.
㉡ 연금추정지급액 중 재정상태일 현재의 재직기간까지 귀속되는 금액을 평가시점의 현재가치로 산정한 "연금충당부채"를 인식한다. CPA 23	

② 연금수급자란 연금가입자 중 재정상태일 현재 연금을 지급받는 자를 말한다.

③ 연금미수급자란 연금가입자 중 연금수급자를 제외한 자를 말한다.

(2) 연금충당부채와 퇴직수당충당부채

① 연금충당부채는 공무원연금 및 군인연금에 대하여 인식한다. CPA 13

② 연금충당부채와 연금비용은 급여/근무연수방식인 예측단위적립방식으로 산정한다.

연금충당부채	㉠ 연금충당부채는 적절하고 일반적으로 인정되는 보험수리적 가정을 적용하여 측정한다. CPA 13, 15 ㉡ 재정상태일 현재 인식하여야 할 "연금충당부채"는 다음 사항의 합계액으로 한다. 　a. 연금수급자에게 재정상태일 이후 장래 연금수급기간 동안 지급할 것으로 추정되는 연금을 재정상태일의 현재가치로 평가한 금액 　b. 연금미수급자에게 장래에 지급하여야 할 연금추정지급액 중 재정상태일 현재 귀속되는 금액을 재정상태일의 현재가치로 평가한 금액
연금비용	㉠ 연금비용은 재정상태일 현재 연금충당부채에서 직전 재정상태일 현재 연금충당부채를 차감한 후 회계연도 중 지급기일이 도래한 금액을 더하여 계산한다. ㉡ 연금비용은 다음 항목으로 구성된다. 　a. 당기근무원가 　b. 이자원가 　c. 과거근무원가 　d. 보험수리적 이익과 손실(보험수리적 손익) ㉢ 당기근무원가, 이자원가 및 과거근무원가: 재정운영표에 프로그램총원가 또는 관리운영비로 인식한다. CPA 14 ㉣ 보험수리적 손익: 순자산변동표에 조정항목으로 인식한다. CPA 14

③ 연금수익은 연금사업을 수행하는 국가회계실체 등이 사업의 수행을 위해 국가, 고용주실체 및 연금가입자로부터 징수하는 금액을 말한다.

연금수익의 구성	연금수익은 다음 항목으로 구성된다. ㉠ 고용주부담금: 「공무원연금법」 및 「군인연금법」에 따라 국가회계실체가 연금기금에 납부하여야 할 금액 ㉡ 피고용자기여금: 「공무원연금법」 및 「군인연금법」에 따라 연금가입자가 연금기금에 납부하여야 할 금액 ㉢ 보전금: 연금기금이 재원부족 등으로 인해 다른 국가회계실체로부터 보조받는 금액
연금수익의 인식	㉠ [원칙] 연금은 매달 부과고지에 의하여 징수를 하고 있다. 부과고지 시에 경제적 효익의 유입 가능성이 매우 높고 수익금액을 신뢰성 있게 측정할 수 있으므로 동 시점에 수익을 인식하고, 미수연금수익으로 자산 계상한다. [예외] 다만, 납부대상자의 자격변동, 납부예외의 수시발생 등에 따라 부과고지 시에 연금수익의 신뢰성 있는 측정이 어려운 경우에는 수납시점에 인식할 수 있다. ㉡ 고용주부담금 및 피고용자기여금: 재정운영표에 프로그램수익으로 인식한다. ㉢ 보전금: 순자산변동표 또는 재정운영표에 비교환수익 등으로 인식한다.

④ **퇴직수당충당부채:** 「공무원연금법」의 퇴직수당 및 「군인연금법」의 퇴직수당은 연금충당부채 산정 대상에서 제외하며, 퇴직수당 지급대상자에게 장래에 지급하여야 할 퇴직수당추정지급액 중 재정상태표일 현재 귀속되는 금액을 재정상태표일의 현재가치로 평가한 금액을 "퇴직수당충당부채"로 인식한다. 퇴직수당추정지급액은 보험수리적 가정을 반영하여 산정한다.

(3) 연금미지급금과 퇴직수당부채

① 사립학교교직원연금, 국민연금은 재정상태표일 현재 지급기일이 도래하였으나 지급하지 않은 연금지급액 및 환급금(연금수급권이 없는 연금가입자의 청구에 따라 지급하는 반환일시금)을 "연금미지급금"으로 인식한다.

② 연금미지급금은 보험수리적 가정을 적용하지 않는다.

연금비용	㉠ 연금비용은 재정상태표일 현재 "연금미지급금"에서 직전 재정상태표일 현재 "연금미지급금"을 차감한 후 회계연도 중 지급액을 더하여 계산한다. ㉡ 연금비용은 재정운영표의 프로그램총원가로 계산한다.

③ 연금수익은 연금사업을 수행하는 국가회계실체 등이 사업의 수행을 위해 국가, 고용주실체 및 연금가입자로부터 징수하는 금액을 말한다.

연금수익의 구성	연금수익은 다음 항목으로 구성된다. ㉠ 고용주부담금: 「사립학교교직원 연금법」 또는 「국민연금법」에 따라 학교경영기관 또는 사용자가 연금기금에 납부하여야 할 금액 ㉡ 국가기여금: 「사립학교교직원 연금법」 또는 「국민연금법」에 따라 국가회계실체가 연금기금에 납부하여야 할 금액 ㉢ 피고용자기여금: 「사립학교교직원 연금법」 또는 「국민연금법」에 따라 연금가입자가 연금기금에 납부하여야 할 금액 ㉣ 보전금: 연금기금이 재원부족 등으로 인해 다른 국가회계실체로부터 보조받는 금액
연금수익의 인식	㉠ [원칙] 연금은 매달 부과고지에 의하여 징수를 하고 있다. 부과고지 시에 경제적 효익의 유입 가능성이 매우 높고 수익금액을 신뢰성 있게 측정할 수 있으므로 동 시점에 수익을 인식하고, 미수연금수익으로 자산 계상한다. [예외] 다만, 납부대상자의 자격변동, 납부예외의 수시발생 등에 따라 부과고지 시에 연금수익의 신뢰성 있는 측정이 어려운 경우에는 수납시점에 인식할 수 있다. ㉡ 고용주부담금, 국가기여금, 피고용자기여금: 재정운영표에 프로그램수익으로 인식한다. ㉢ 보전금: 순자산변동표 또는 재정운영표에 비교환수익 등으로 인식한다.

④ **퇴직수당부채:** 「사립학교교직원 연금법」에 따라 지급하는 퇴직수당은 재정상태표일 현재 지급기일이 도래하였으나 지급하지 않은 금액을 "퇴직수당 미지급금"으로 인식한다.

03 보험 회계처리지침

(1) 사회보험사업 및 보험사업의 개념

① 사회보험사업이란 「고용보험법」 및 「산업재해보상보험법」 등의 관련 법령에 따라 국가회계실체가 사회보장정책의 일환으로 실업, 업무상 재해 등의 사회적 위험으로부터 보험방식에 의하여 국민의 소득 등을 보장하는 사업을 말한다.

② 보험사업이란 국가회계실체가 개인이나 법인에게 특정한 위험에 대해 보장을 제공하는 사업으로 사회보험사업을 제외한다.

사회보험사업	보험사업
"사회보험부채"를 인식한다. a. 기타부채 b. 사회보험미지급금	"보험충당부채"를 인식한다.

(2) 사회보험부채

① 사회보험부채는 다음 항목으로 구성된다.

> a. **기타부채:** 「고용보험법」 및 「산업재해보상보험법」에 따라 적립하는 준비금은 "기타부채"로 인식한다.
> b. **사회보험미지급금:** 재정상태표일 현재 지급기일이 도래하였으나 보험계약자에게 지급하지 않은 보험금은 "사회보험미지급금"으로 인식한다.

② 사회보험수익은 다음 항목으로 구성되며, 부과고지시점에 재정운영표의 비교환수익으로 인식한다.

> a. **피고용자기여금:** 「고용보험 및 산업재해보상보험의 보험료징수 등에 관한 법률」에 따라 근로자가 납부하여야 할 금액
> b. **고용주부담금:** 「고용보험 및 산업재해보상보험의 보험료징수 등에 관한 법률」에 따라 사업주가 납부하여야 할 금액

③ 사회보험비용은 다음 항목으로 구성되며 재정운영표의 프로그램총원가로 인식한다.

> a. 직전 재정상태표일과 비교한 "기타부채"의 증가액. 단, "기타부채" 증가액이 부(負)의 금액인 경우 프로그램수익으로 인식한다.
> b. 재정상태표일 현재 "사회보험미지급금"에서 직전 재정상태표일 현재 "사회보험미지급금"을 차감한 후 회계연도 중 지급한 금액을 더하여 계산한 금액

(3) 보험충당부채

① 보험자는 보험계약에 대해 장래 보험금의 지급이 발생할 가능성이 매우 높고 그 금액을 신뢰성 있게 측정할 수 있을 때 "보험충당부채"를 인식한다.

② 보험충당부채는 다음으로 구성된다. **CPA 23**

> a. 재정상태표일 현재 보험사고가 발생하지는 않았으나 장래 발생할 보험사고를 대비하여 적립하는 지급예상액
> b. 재정상태표일 이전에 보험사고가 발생하였으나 미지급된 보험금 지급예상액

관련 법령에 의한 적립금과 준비금 산정방식이 보험금예상지급액 산정방식과 유사한 경우 그 적립금과 준비금을 "보험충당부채"로 본다. 다만, 미경과보험료적립금[1]은 "보험충당부채"가 아닌 "기타부채"로 표시한다. **CPA 23**

③ 보험수익은 수익창출활동이 끝나고 그 금액을 합리적으로 측정할 수 있을 때 재정운영표에 프로그램수익으로 인식한다. 다만, 보험료납입의 유예 등의 사유로 보험료의 회수가 불확실한 경우에는 현금을 수취하는 시점에 인식한다.

④ 보험비용은 재정상태표일 현재 "보험충당부채"에서 직전 재정상태표일 현재 "보험충당부채"를 차감한 후 회계연도 중 지급한 금액을 더하여 계산한다. 보험비용은 재정운영표에 프로그램총원가로 인식하며 그 금액이 부(負)의 금액인 경우 프로그램수익으로 인식한다. **CPA 14**

⑤ 구상채권이란 보험사고 발생으로 지급된 보험금과 관련하여 보험사고의 해결과정에서 취득하는 채권을 말한다. 구상채권은 보험사고의 해결과정에서 취득하는 담보자산의 매각 또는 구상권 등 기타 권리의 행사로 인한 회수가능액을 추정하여 인식한다.

04 보증 회계처리지침

(1) 신용보증사업의 개념

신용보증사업이란 국가회계실체가 담보능력이 미약한 자 등의 채무에 대한 지급을 보증하는 사업을 말한다.

(2) 보증충당부채의 인식 및 평가

① 국가회계실체는 보증약정 등의 규정에 따른 보증채무를 이행할 가능성이 매우 높고 그 금액을 신뢰성 있게 측정할 수 있을 때 "보증충당부채"를 인식한다.

② 보증충당부채는 보증약정 등에 따른 주채무자의 채무불이행에 따라 국가회계실체가 부담하게 될 추정 순현금유출액의 현재가치로 평가한다.

---

1) 미경과보험료적립금이란 기말시점에 모든 유효한 보험계약의 총보험료 중에서 당기 말 현재 보험기간이 경과하지 않은 보험료 상당액을 말한다.

(3) 보증수익의 인식

① 보증수익은 보증사업을 영위하는 국가회계실체 등이 수취하는 보증료(일반신용보증료 등)를 말한다.
② 보증수익은 보증계약의 체결 등과 같은 수익창출활동이 끝나고 그 금액을 합리적으로 측정할 수 있을 때 재정운영표에 프로그램수익으로 인식한다.

(4) 보증비용의 인식

① 보증비용은 국가회계실체가 보증채무 이행 가능성을 추정하여 보증충당부채가 증가할 때 발생하는 비용을 말한다.
② 보증비용은 직전 재정상태표일과 비교한 보증충당부채 증감액을 재정운영표에 프로그램총원가로 인식하며, 그 금액이 부(負)의 금액인 경우 프로그램수익으로 인식한다.

(5) 구상채권의 인식 및 평가

① 보증약정 등에 따른 주채무자의 채무불이행 등에 따라 국가회계실체가 보증채무를 이행하는 때 대위변제한 금액을 재정상태표에 구상채권으로 인식한다.
② 신뢰성 있고 객관적인 기준에 따라 산출한 대손추산액을 구상채권의 대손충당금으로 설정한다.

구분	연금충당부채		연금미지급금	사회보험부채	보험충당부채	보증충당부채
대상	공무원연금, 군인연금		사학연금, 국민연금	사회보험사업	보험사업	신용보증사업
수익인식 시점	[원칙] 부과고지시점 [예외] 수납시점			부과고지시점	수익창출활동 끝남 & 금액을 합리적으로 측정	
수익	① 고용주부담금, 피고용자기여금 등: 재정운영표의 프로그램수익 ② 보전금: 순자산변동표 또는 재정운영표의 비교환수익 등			재정운영표의비교환수익 등	재정운영표의 프로그램수익	
비용	① 당기근무원가, 이자원가 및 과거근무원가: 재정운영표의 프로그램총원가 또는 관리운영비 ② 보험수리적 손익: 순자산변동표의 조정항목	재정운영표의 프로그램총원가		재정운영표의 프로그램총원가 (단, 부의 금액: 프로그램수익)		

객관식 연습문제

01 다음은 국가회계기준과 관련한 국가회계예규에 대한 설명이다. 옳지 않은 것은?

① 국가의 융자보조원가충당금과 관련하여 인식한 융자보조비용과 융자보조원가충당금환입은 각각 프로그램총원가와 프로그램수익에 포함한다. 융자사업의 관리에 필요한 신용조사비용, 법률자문비용 등은 관리운영비에 포함한다.

② 국가의 연금충당부채는 적절하고 일반적으로 인정되는 보험수리적 가정을 적용하여 측정한다. 당기근무원가, 이자원가, 과거근무원가, 보험수리적 손익은 재정운영표에 프로그램총원가 또는 관리운영비로 인식한다.

③ 보험수익은 수익창출활동이 끝나고 그 금액을 합리적으로 측정할 수 있을 때 재정운영표에 프로그램수익으로 인식한다. 보험비용은 재정운영표에 프로그램총원가로 인식하며 그 금액이 부(負)의 금액인 경우 프로그램수익으로 인식한다.

④ 보증수익은 보증계약의 체결 등과 같은 수익창출활동이 끝나고 그 금액을 합리적으로 측정할 수 있을 때 재정운영표에 프로그램수익으로 인식한다. 보증비용은 직전 재정상태표일과 비교한 보증충당부채 증감액을 재정운영표에 프로그램총원가로 인식하며, 그 금액이 부(負)의 금액인 경우 프로그램수익으로 인식한다.

⑤ 사회보험수익은 부과고지시점에 재정운영표의 비교환수익으로 인식한다. 사회보험비용은 재정운영표의 프로그램총원가로 인식한다.

02 다음 설명 중 「지방자치단체 회계기준에 관한 규칙」에서 정하는 재무제표에 대한 설명으로 옳은 것은?
CPA 2012 수정

① 지방자치단체가 국가로부터 이전받은 수익은 순자산변동표에 순자산의 증가 항목에 포함된다.

② 회계정책의 변경에 따른 누적효과를 합리적으로 추정할 수 있는 경우, 회계정책의 변경에 따른 영향은 비교표시되는 직전 회계연도의 기초순자산 및 그 밖의 대응금액을 새로운 회계정책이 처음부터 적용된 것처럼 조정한다.

③ 재정상태의 순자산의 분류 중 고정순자산은 적립성기금의 원금과 같이 그 사용목적이 특정되어 있는 재원과 관련된 순자산을 말한다.

④ 자산은 회계실체가 사업의 목표를 달성하고 성과를 창출하기 위해 직·간접적으로 투입한 경제적 자원의 가치이다.

⑤ 사업을 수행하기 위하여 투입한 원가에서 다른 사업에 배부한 원가를 뺀 것이 사업순원가이다.

03 다음 중 「국가회계기준에 관한 규칙」과 「지방자치단체 회계기준에 관한 규칙」에서 정하는 자산·부채의 평가에 관한 설명으로 옳지 않은 것은? CPA 2012 수정

① 현재 세대와 미래 세대를 위하여 정부가 영구히 보전하여야 할 자산으로서 역사적, 문화적, 교육적 및 예술적으로 중요한 가치를 갖는 자산은 무형자산으로 인식하되, 상각대상에서 제외할 수 있다.

② 국가회계실체 사이에 발생하는 관리전환은 무상거래일 경우에는 자산의 장부가액을 취득원가로 한다.

③ 국가의 도로는 관리·유지 노력에 따라 취득 당시의 용역 잠재력을 그대로 유지할 수 있는 경우 감가상각대상에서 제외할 수 있다.

④ 지방자치단체의 재정상태표에 기록하는 자산의 가액은 해당 자산의 취득원가를 기초로 하여 계상함을 원칙으로 한다.

⑤ 지방자치단체의 주민편의시설은 당해 자산의 건설원가나 매입가액에 부대비용을 가산한 취득원가로 평가하며 취득 이후 공정가액에 의한 재평가는 허용되지 않는다.

04 다음은 20×1년도 대한민국 중앙정부의 재정상태표(요약)이다. 이에 관한 설명으로 옳지 않은 것은?

CPA 2013

(단위: 조원)

계정과목	금액	계정과목	금액
자산	1,523.2	부채	773.6
유동자산	263.5	유동부채	82.1
투자자산	483.0	장기차입부채	294.8
일반유형자산	492.9	장기충당부채	374.8
사회기반시설	274.5	기타 비유동부채	21.9
무형자산	1.0	순자산	749.6
기타 비유동자산	8.3		
		기본순자산	442.8
		적립금 및 잉여금	336.5
		순자산조정	(29.7)

① 국가 재무제표의 재무결산대상은 중앙관서의 일반회계, 기타특별회계와 기업특별회계를 포함한 특별회계를 대상으로 한다.

② 자산은 자산실사, 자산재평가 등을 거쳐 정부의 자산 가치를 산정한 결과이며, 도로·공항·항만 등 사회기반시설을 포함한 것이다.

③ 부채는 전통적 방식에 의해 국가채무로 인식해온 국채, 차입금 이외에 충당부채, 미지급금 등 발생주의에 따른 부채를 종합한 결과이다.

④ 장기충당부채 중 연금충당부채는 공무원·군인연금 수급자와 재직자에게 장래에 지급될 연금지급액을 보험수리적 가정에 따라 산출한 것이다.

⑤ 순자산 중 기본순자산은 순자산에서 적립금 및 잉여금과 순자산조정을 뺀 금액이다. 적립금 및 잉여금은 전기이월결손금·잉여금, 재정운영결과 등으로 구성되고, 순자산조정은 투자증권평가손익, 파생상품평가손익 등으로 구성된다.

05 다음 중 「국가회계기준에 관한 규칙」과 「지방자치단체 회계기준에 관한 규칙」에서 정하는 자산·부채의 평가에 관한 설명으로 옳지 않은 것은? CPA 2013 수정

① 자산의 가액은 해당 자산의 취득원가를 기초로 하여 계상한다. 다만, 교환 또는 기부채납 등으로 취득한 자산의 가액은 공정가액을 취득원가로 한다.

② 재정상태표상 채무증권은 상각후취득원가로 평가하고, 지분증권과 기타 장기투자증권 및 기타 단기투자증권은 공정가액으로 평가한다.

③ 재정상태표상 일반유형자산과 사회기반시설, 주민편의시설 중 상각대상 자산에 대한 감가상각은 정액법을 원칙으로 한다.

④ 부채의 가액은 따로 정한 경우를 제외하고는 원칙적으로 만기상환가액으로 평가한다.

⑤ 장기연불조건의 거래, 장기금전대차거래 또는 이와 유사한 거래에서 발생하는 채권·채무로서 명목가액과 현재가치의 차이가 중요한 경우에는 이를 현재가치로 평가한다.

06 다음은 국가회계기준과 관련한 예규에 대한 설명이다. 옳지 않은 것은? CPA 2014 수정

① 국가가 운영하는 연금사업에서 연금충당부채를 인식하는 경우 발생하는 연금비용 중 직전 재정상태표일보다 1회계연도만큼 연금개시일에 더 가까워짐에 따라 발생하는 연금충당부채의 현재가치 증가로 인한 이자원가는 프로그램총원가 또는 관리운영비로 인식한다.

② 국가회계실체의 융자사업에서 발생하는 융자금의 매각에 따른 매각손실은 융자보조비용에 더해져 프로그램총원가에 포함한다.

③ 국가가 운영하는 연금사업에서 연금충당부채를 인식하는 경우 발생하는 연금비용 중 보험수리적 가정과 실제로 발생한 결과의 차이 및 보험수리적 가정의 변화에 따른 연금충당부채의 감소 또는 증가액은 프로그램총원가 또는 관리운영비로 인식한다.

④ 국가회계실체의 융자사업에서 발생하는 융자사업의 관리에 필요한 신용조사비용, 법률자문비용 등은 관리운영비에 포함한다.

⑤ 국가가 운영하는 보험사업에서 발생하는 보험비용은 재정운영표에 프로그램총원가로 인식하며 그 금액이 부의 금액인 경우 프로그램수익으로 인식한다.

07 다음은 「지방자치단체 회계기준에 관한 규칙」에 대한 설명이다. 옳지 않은 것은? CPA 2014 수정

① 재정상태표에 기록하는 자산의 가액은 해당 자산의 취득원가를 기초로 하여 계상함을 원칙으로 한다. 다만, 교환, 기부채납, 그 밖에 무상으로 취득한 자산의 가액은 공정가액을 취득원가로 하며, 회계 간의 재산 이관이나 물품 소관의 전환으로 취득한 자산의 가액은 직전 회계실체의 장부가액을 취득원가로 한다.

② 지방자치단체의 재정운영표상 일반수익은 재원조달의 원천에 따라 자체조달수익, 정부간이전수익, 기타수익으로 구분한다.

③ 지방자치단체의 회계 간의 재산 이관, 물품 소관의 전환, 기부채납 등으로 생긴 순자산의 증가는 수익에 포함하지 않는다.

④ 지방자치단체의 재정상태표상 부채의 가액은 따로 정한 경우를 제외하고는 만기상환가액으로 함을 원칙으로 한다.

⑤ 지방자치단체의 재정운영표상 비배분수익은 임시적·비경상적으로 발생한 수익 및 사업과 직접적으로 관련이 없는 사업 외 수익으로 비교환수익을 말한다.

08 다음은 「지방자치단체 회계기준에 관한 규칙」에 대한 설명이다. 옳지 않은 것은? CPA 2015

① 비교환거래로 생긴 수익은 직접적인 반대급부 없이 생기는 지방세, 보조금, 기부금 등으로서 해당 수익에 대한 청구권이 발생하고 그 금액을 합리적으로 측정할 수 있을 때에 인식한다.

② 일반유형자산은 공공서비스의 제공을 위하여 1년 이상 반복적 또는 계속적으로 사용되는 자산으로서 토지, 건물, 입목, 주민편의를 위한 주차장 등을 말한다.

③ 재정운영표는 회계연도 동안 회계실체가 수행한 사업의 원가와 회수된 원가 정보를 포함한 재정운영결과를 나타내는 재무제표로 사업순원가, 재정운영순원가, 재정운영결과로 구분하여 표시한다.

④ 장기연불조건의 매매거래, 장기금전대차거래 또는 이와 유사한 거래에서 발생하는 채권·채무로서 명목가액과 현재가치의 차이가 중요한 경우에는 이를 현재가치로 평가한다.

⑤ 문화재, 예술작품, 역사적 문건 및 자연자원은 자산으로 인식하지 아니하고 필수보충정보의 관리책임자산으로 보고한다.

09 다음은 「국가회계기준에 관한 규칙」과 관련된 설명이다. 옳지 않은 것은? CPA 2015 수정

① 국가회계실체 사이에서 발생하는 관리전환은 유·무상거래에 관계없이 자산의 공정가액을 취득원가로 한다.

② 충당부채는 지출시기 또는 지출금액이 불확실한 부채를 말하며, 현재의무의 이행에 소요되는 지출에 대한 최선의 추정치를 재정상태표 가액으로 한다. 우발부채는 의무를 이행하기 위하여 경제적 효익이 있는 자원이 유출될 가능성이 희박하지 않는 한 주석에 공시한다.

③ 중앙관서 또는 기금의 순자산변동표는 기초순자산, 재정운영결과, 재원의 조달 및 이전, 조정항목, 기말순자산으로 구분하여 표시한다.

④ 중앙관서 또는 기금의 재정운영표를 통합하여 작성하는 국가의 재정운영표는 내부거래를 제거하여 작성하되 재정운영순원가, 비교환수익 등 및 재정운영결과로 구분하여 표시한다. 이때 재정운영순원가는 각 중앙관서별로 구분하여 표시한다.

⑤ 국세수익은 중앙관서 또는 기금의 재정운영표를 통합하여 작성하는 국가의 재정운영표에서 비교환수익 등에 표시된다.

10 다음 중 「국가회계기준에 관한 규칙」과 「지방자치단체 회계기준에 관한 규칙」에 대한 설명으로 옳은 것은? CPA 2015

① 국가와 지방자치단체의 일반유형자산과 사회기반시설은 공정가액으로 재평가할 수 있다.

② 지방자치단체의 장기투자증권은 매입가격에 부대비용을 더하고 이에 종목별로 총평균법을 적용하여 산정한 취득원가로 평가함을 원칙으로 한다. 다만, 투자목적의 장기투자증권은 공정가액을 객관적으로 측정할 수 있으면 공정가액으로 평가하여 장부가액과 공정가액의 차이금액은 순자산변동표에 조정항목으로 표시한다.

③ 국가와 지방자치단체의 화폐성 외화자산과 화폐성 외화부채는 해당 자산을 취득하거나 해당 부채를 부담한 당시의 적절한 환율로 평가한 가액을 재정상태표 가액으로 한다.

④ 국가와 지방자치단체의 금융리스는 리스료를 내재이자율로 할인한 가액과 리스자산의 공정가액 중 낮은 금액을 리스자산과 리스부채로 각각 계상하여 감가상각한다.

⑤ 지방자치단체의 연금충당부채는 회계연도 말 현재 「공무원연금법」을 적용받는 지방공무원 연금수급자 및 연금미수급자에게 미래에 지급할 연금지급액을 보험수리적 가정을 반영하여 추정한 것이다.

11 다음 중 「국가회계기준에 관한 규칙」에 대한 설명으로 옳은 것은? CPA 2016

① 「국고금 관리법 시행령」에 따른 출납정리기한 중에 발생하는 거래는 다음 회계연도에 발생한 거래로 보아 회계처리한다.

② 자산은 유동자산, 투자자산, 일반유형자산, 주민편의시설, 무형자산 및 기타 비유동자산으로 구분하여 재정상태표에 표시한다.

③ 부담금수익, 기부금수익, 무상이전수입은 청구권 등이 확정된 때에 그 확정된 금액을 수익으로 인식한다.

④ 투자목적의 장기투자증권 또는 단기투자증권인 경우에는 재정상태표일 현재 신뢰성 있게 공정가액을 측정할 수 있으면 그 공정가액으로 평가하며, 장부가액과 공정가액의 차이금액은 재정운영표상 재정운영순원가에 반영한다.

⑤ 필수보충정보는 재무제표에는 표시하지 아니하였으나, 재무제표의 내용을 보완하고 이해를 돕기 위하여 필수적으로 제공되어야 하는 정보를 말하며 수익·비용 기능별 재정운영표는 필수보충정보로 제공되어야 한다.

12 20×1년 말 다음과 같은 중앙관서의 회계처리 누락사항이 발견되었다. CPA 2017

- 기획재정부가 20×1년 2월 1일 매입한 취득원가 ₩500,000(취득 당시 만기가 3개월 이상인 단기투자목적)의 수익증권에서 ₩20,000의 평가이익이 발생하였다.
- 문화체육관광부가 20×1년 11월 1일 매입한 취득원가 ₩50,000(취득 당시 만기가 3개월 이내)의 수익증권에서 ₩2,000의 평가손실이 발생하였다.
- 문화재청은 20×1년에 문화재보호구역의 취득과 관련하여 ₩150,000을 지출하였다.
- 국토교통부는 20×1년 중에 관리·유지 노력으로 취득 당시의 용역 잠재력이 유지되어 감가상각을 하지 않는 사회기반시설 일부에 대해 수선유지비 ₩100,000을 지출하였다.
- 교육부는 20×1년 말 일반유형자산의 재평가로 차익이 ₩500,000 발생하였다. 단, 이전에 동일자산에 대해 재정운영표에 인식한 재평가손실 ₩200,000이 있었다.

위 누락사항을 추가 반영할 경우, 국가의 재정운영결과와 순자산조정에 미치는 영향으로 옳은 것은?

	재정운영결과	순자산조정
①	₩52,000 증가	₩320,000 증가
②	₩248,000 감소	₩520,000 증가
③	₩252,000 증가	₩480,000 증가
④	₩252,000 감소	₩480,000 증가
⑤	₩52,000 증가	₩20,000 증가

13 다음 중 「지방자치단체 회계기준에 관한 규칙」에 대한 설명으로 옳지 않은 것은? CPA 2018 수정

① 순자산은 지방자치단체의 기능과 용도를 기준으로 고정순자산, 특정순자산 및 일반순자산으로 분류한다.

② 고정순자산은 일반유형자산, 주민편의시설, 사회기반시설 및 무형자산의 투자액에서 그 시설의 투자재원을 마련할 목적으로 조달한 장기차입금 및 지방세 징수액을 뺀 금액으로 한다.

③ 특정순자산은 채무상환목적이나 적립성기금의 원금과 같이 그 사용목적이 특정되어 있는 재원과 관련된 순자산을 말한다.

④ 수익은 재원조달의 원천에 따라 자체조달수익, 정부간이전수익, 기타수익으로 구분한다.

⑤ 재정상태표 보고일 이후 발생한 사건은 회계연도의 말일인 재정상태표 보고일과 「지방회계법」에 따른 출납사무 완결기한 사이에 발생한 사건으로서 재정상태표 보고일 현재 존재하였던 상황에 대한 추가적 증거를 제공하는 사건을 말한다.

14 다음 중 「국가회계기준에 관한 규칙」과 「지방자치단체 회계기준에 관한 규칙」에 대한 설명으로 옳은 것은? CPA 2018 수정

① 국가회계실체 사이에 발생하는 관리전환은 무상거래일 경우에는 자산의 장부가액을 취득원가로 하고, 유상거래일 경우에는 자산의 공정가액을 취득원가로 한다. 지방자치단체 회계 간의 재산 이관이나 물품 소관의 전환으로 취득한 자산의 가액은 공정가액을 취득원가로 한다.

② 국가와 지방자치단체는 일반유형자산, 사회기반시설, 기타 비유동자산을 구분하여 재정상태표에 표시하지만, 무형자산은 기타 비유동자산에 포함하여 재정상태표에 표시한다.

③ 국가의 유산자산과 지방자치단체의 관리책임자산은 자산으로 인식하지 아니하고, 필수보충정보로 공시한다.

④ 국가와 지방자치단체는 퇴직급여충당부채, 연금충당부채, 보험충당부채 등을 장기충당부채로 분류하여 표시한다.

⑤ 국가와 지방자치단체는 일반유형자산과 사회기반시설에 대하여 재평가할 수 있으며, 해당 자산의 공정가액에 대한 합리적인 증거가 없는 경우 등에는 재평가일 기준으로 재생산 또는 재취득하는 경우에 필요한 가격에서 경과연수에 따른 감가상각누계액 및 감액손실누계액을 뺀 가액으로 재평가하여 계상할 수 있다.

15 「국가회계기준에 관한 규칙」에서 정하는 자산과 부채의 평가에 대한 다음 설명 중 옳지 않은 것은?

CPA 2019

① 사회기반시설 중 관리·유지 노력에 따라 취득 당시의 용역 잠재력을 그대로 유지할 수 있는 시설에 대해서는 감가상각하지 아니하고 관리·유지에 투입되는 비용으로 감가상각비용을 대체할 수 있다. 다만, 효율적인 사회기반시설 관리시스템으로 사회기반시설의 용역 잠재력이 취득 당시와 같은 수준으로 유지된다는 것이 객관적으로 증명되는 경우로 한정한다.

② 재정상태표에 표시하는 부채의 가액은 「국가회계기준에 관한 규칙」에서 따로 정한 경우를 제외하고는 원칙적으로 만기상환가액으로 평가한다.

③ 투자목적의 장기투자증권 또는 단기투자증권인 경우에는 재정상태표일 현재 신뢰성 있게 공정가액을 측정할 수 있으면 그 공정가액으로 평가하며, 장부가액과 공정가액의 차이금액은 순자산변동표에 조정항목으로 표시한다.

④ 일반유형자산 및 사회기반시설의 내용연수를 연장시키거나 가치를 실질적으로 증가시키는 지출은 자산의 증가로 회계처리하고, 원상회복시키거나 능률유지를 위한 지출은 비용으로 회계처리한다.

⑤ 장기연불조건의 거래, 장기금전대차거래 또는 이와 유사한 거래에서 발생하는 채권·채무로서 명목가액과 현재가치의 차이가 중요한 경우에도 명목가액으로 평가한다.

16 「국가회계기준에 관한 규칙」에 대한 다음 설명 중 옳지 않은 것은?

CPA 2019

① 무형자산은 해당 자산의 개발원가 또는 매입가액에 부대비용을 더한 금액을 취득원가로 하여 평가하며, 정액법에 따라 해당 자산을 사용할 수 있는 시점부터 합리적인 기간 동안 상각한다. 이 경우 상각기간은 독점적·배타적인 권리를 부여하고 있는 관계 법령이나 계약에서 정한 경우를 제외하고는 20년을 초과할 수 없다.

② 재고자산의 시가가 취득원가보다 낮은 경우에는 시가를 재정상태표 가액으로 한다. 이 경우 원재료 외의 재고자산의 시가는 순실현가능가액을 말하며, 생산과정에 투입될 원재료의 시가는 현재 시점에서 매입하거나 재생산하는 데 드는 현행대체원가를 말한다.

③ 중앙관서 또는 기금의 재정운영표를 통합하여 작성하는 국가의 재정운영표는 내부거래를 제거하여 작성하되 재정운영순원가, 비교환수익 등 및 재정운영결과로 구분하여 표시하고, 재정운영결과는 각 중앙관서별로 구분하여 표시한다.

④ 화폐성 외화자산과 화폐성 외화부채는 재정상태표일 현재의 적절한 환율로 평가한다. 이에 따라 발생하는 환율변동효과는 외화평가손실 또는 외화평가이익의 과목으로 하여 재정운영순원가에 반영한다.

⑤ 보증충당부채는 보증약정 등에 따른 피보증인인 주채무자의 채무불이행에 따라 국가회계실체가 부담하게 될 추정 순현금유출액의 현재가치로 평가한다.

17 「국가회계기준에 관한 규칙」과 「지방자치단체 회계기준에 관한 규칙」에 대한 다음 설명 중 옳지 않은 것은?   CPA 2019

① 국가의 우발자산은 과거의 거래나 사건으로 발생하였으나 국가회계실체가 전적으로 통제할 수 없는 하나 이상의 불확실한 미래 사건의 발생 여부로만 그 존재 유무를 확인할 수 있는 잠재적 자산을 말하며, 경제적 효익의 유입 가능성이 매우 높은 경우 주석에 공시한다.

② 국가의 일반유형자산 및 사회기반시설에 대한 사용수익권은 재정상태표에 부채로 표시한다.

③ 국가의 자산은 유동자산, 투자자산, 일반유형자산, 사회기반시설, 무형자산 및 기타 비유동자산으로 구분하여 재정상태표에 표시하고, 지방자치단체의 자산은 유동자산, 투자자산, 일반유형자산, 주민편의시설, 사회기반시설, 기타 비유동자산으로 분류한다.

④ 지방자치단체의 기타비유동부채는 유동부채와 장기차입부채에 속하지 아니하는 부채로서 퇴직급여충당부채, 장기예수보증금, 장기선수수익 등을 말한다.

⑤ 지방자치단체의 장기투자증권은 매입가격에 부대비용을 더하고 이에 종목별로 총평균법을 적용하여 산정한 취득원가로 평가함을 원칙으로 한다.

18 「지방회계법」 및 「지방자치단체 회계기준에 관한 규칙」에 대한 다음 설명 중 옳지 않은 것은?
                                                              CPA 2019

① 미수세금은 합리적이고 객관적인 기준에 따라 평가하여 대손충당금을 설정하고 이를 미수세금 금액에서 차감하는 형식으로 표시한다.

② 「지방회계법」에 따른 재무제표는 지방회계기준에 따라 작성하여야 하고, 「공인회계사법」에 따른 공인회계사의 검토의견을 첨부하여야 한다.

③ 교환거래로 생긴 수익은 재화나 서비스 제공의 반대급부로 생긴 사용료, 수수료 등으로서 수익 창출활동이 끝나고 그 금액을 합리적으로 측정할 수 있을 때에 인식한다.

④ 지방자치단체의 회계처리와 재무보고는 발생주의·복식부기 방식에 의하며, 예산회계와 재무회계의 차이에 대한 명세서는 주석으로 공시한다.

⑤ 지방자치단체의 장은 회계처리를 적정하게 하고, 공무원의 부정·비리를 예방하기 위하여 「지방회계법」에 따른 회계책임관으로 하여금 회계관계공무원의 회계처리에 관한 사항 등을 관리·감독하는 등 내부통제를 하게 하여야 한다.

19 「국가회계기준에 관한 규칙」과 「지방자치단체 회계기준에 관한 규칙」의 자산에 대한 다음 설명 중 옳지 않은 것은? CPA 2020

① 지방자치단체는 주민의 편의를 위해서 1년 이상 반복적 또는 계속적으로 사용되는 도서관, 주차장, 공원, 박물관 및 미술관 등을 재정상태표에 주민편의시설로 표시한다.

② 국가는 무형자산의 상각대상금액을 내용연수 동안 체계적으로 배부하기 위해 정액법 등 다양한 방법을 사용할 수 있다.

③ 국가는 압수품 및 몰수품이 화폐성 자산일 경우 압류 또는 몰수 당시의 시장가격으로 평가한다.

④ 지방자치단체는 문화재, 예술작품, 역사적 문건 및 자연자원은 자산으로 인식하지 않고 필수보충정보의 관리책임자산으로 보고한다.

⑤ 지방자치단체의 장기투자증권은 매입가격에 부대비용을 더하고 이에 종목별로 총평균법을 적용하여 산정한 취득원가로 평가함을 원칙으로 한다.

20 「국가회계기준에 관한 규칙」의 부채에 대한 다음 설명 중 옳지 않은 것은? CPA 2020

① 국가안보와 관련된 부채는 기획재정부장관과 협의하여 부채로 인식하지 아니할 수 있다. 이 경우 해당 중앙관서의 장은 해당 부채의 종류, 취득시기 및 관리현황 등을 별도의 장부에 기록하여야 한다.

② 비화폐성 외화부채에서 발생한 손익을 조정항목에 반영하는 경우 그 손익에 포함된 환율변동효과는 재정운영순원가에 반영한다.

③ 국채의 액면가액과 발행가액의 차이는 국채할인(할증)발행차금 과목으로 액면가액에 빼거나 더하는 형식으로 표시하며, 그 할인(할증)발행차금은 발행한 때부터 최종 상환할 때까지의 기간에 유효이자율로 상각 또는 환입하여 국채에 대한 이자비용에 더하거나 뺀다.

④ 퇴직급여충당부채는 재정상태표일 현재 「공무원연금법」 및 「군인연금법」을 적용받지 아니하는 퇴직금 지급대상자가 일시에 퇴직할 경우 지급하여야 할 퇴직금으로 평가한다.

⑤ 장기차입부채는 재정상태표일부터 1년 후에 만기가 되는 확정부채로서 국채, 공채, 장기차입금 및 기타 장기차입부채 등을 말한다.

21 「지방자치단체 회계기준에 관한 규칙」에 대한 다음 설명 중 옳지 않은 것은? CPA 2020 수정

① 장기연불조건의 매매거래, 장기금전대차거래 또는 이와 유사한 거래에서 발생하는 채권·채무로서 명목가액과 현재가치의 차이가 중요한 경우에는 이를 현재가치로 평가한다. 현재가치는 당해 채권·채무로 인하여 받거나 지급할 총금액을 유효이자율로 할인한 가액으로 하는데 당해 거래의 유효이자율을 확인하기 어려운 경우에는 유사한 조건의 지방채수익률을 적용한다.

② 회계정책의 변경에 따른 영향은 비교표시되는 직전 회계연도의 기초순자산 및 그 밖의 대응금액을 새로운 회계정책이 처음부터 적용된 것처럼 조정한다. 다만, 회계정책의 변경에 따른 누적효과를 합리적으로 추정하기 어려운 경우에는 회계정책의 변경에 따른 영향을 해당 회계연도와 그 회계연도 후의 기간에 반영할 수 있다.

③ 사회기반시설은 초기에 대규모 투자가 필요하고 파급효과가 장기간에 걸쳐 나타나는 지역사회의 기반적인 자산으로서 도로, 도시철도, 상수도시설, 수질정화시설, 하천부속시설 등을 말한다.

④ 재고자산은 구입가액에 부대비용을 더하고 이에 선입선출법을 적용하여 산정한 가액을 취득원가로 한다. 다만, 실물흐름과 원가산정방법 등에 비추어 다른 방법을 적용하는 것이 보다 합리적이라고 인정되는 경우에는 개별법, 이동평균법 등을 적용하고 그 내용을 주석으로 공시한다.

⑤ 수익은 자산의 증가 또는 부채의 감소를 초래하는 회계연도 동안의 거래로 생긴 순자산의 증가를 말한다. 다만, 회계 간의 재산 이관, 물품 소관의 전환, 기부채납 등으로 생긴 순자산의 증가는 수익에 포함하지 아니한다.

22 다음 중 「국가회계기준에 관한 규칙」 및 관련 지침에서 사용하는 용어의 정의로 옳지 않은 것은? CPA 2021

① 원가는 중앙관서의 장 또는 기금관리주체가 프로그램의 목표를 달성하고 성과를 창출하기 위하여 직접적·간접적으로 투입한 경제적 자원의 가치를 말한다.

② 회수가능가액이란 순실현가능가치와 사용가치 중 큰 금액을 말한다.

③ 수익은 국가의 재정활동과 관련하여 재화 또는 용역을 제공한 대가로 발생하거나, 직접적인 반대급부 없이 법령에 따라 납부의무가 발생한 금품의 수납 등에 따라 발생하는 순자산의 증가를 말한다.

④ 공정가액이란 합리적인 판단력과 거래의사가 있는 독립된 당사자 간에 거래될 수 있는 교환가격을 말한다.

⑤ 연금충당부채란 재정상태표일 현재의 연금가입자에게 근무용역에 대한 대가로, 장래 예상퇴직시점에 지급하여야 할 금액으로 예상퇴직시점의 장래 추정보수와 전체추정근무기간 등 보험수리적 가정을 반영하여 산정한 것을 말한다.

23 「국가회계기준에 관한 규칙」에 대한 다음 설명 중 옳지 않은 것은? CPA 2021

① 사회기반시설을 취득한 후 재평가할 때에는 공정가액으로 계상하여야 한다. 다만, 해당 자산의 공정가액에 대한 합리적인 증거가 없는 경우 등에는 재평가일 기준으로 재생산 또는 재취득하는 경우에 필요한 가격에서 경과연수에 따른 감가상각누계액 및 감액손실누계액을 뺀 가액으로 재평가하여 계상할 수 있다.

② 화폐성 외화자산과 화폐성 외화부채의 평가에 따라 발생하는 환율변동효과는 외화평가손실 또는 외화평가이익의 과목으로 하여 비교환수익에 반영한다.

③ 융자보조원가충당금은 융자사업에서 발생한 융자금 원금과 추정 회수가능액의 현재가치와의 차액으로 평가한다.

④ 장기연불조건의 거래, 장기금전대차거래 또는 이와 유사한 거래에서 발생하는 채권·채무로서 명목가액과 현재가치의 차이가 중요한 경우에는 현재가치로 평가한다.

⑤ 금융리스는 리스료를 내재이자율로 할인한 가액과 리스자산의 공정가액 중 낮은 금액을 리스자산과 리스부채로 각각 계상한다.

24 국가 재무제표 작성 시 인식할 자산의 취득원가에 대한 다음 설명 중 옳지 않은 것은? CPA 2021

① 외부로부터 매입한 재고자산의 취득원가는 매입가액에 취득 과정에서 정상적으로 발생한 부대비용을 가산한 금액을 말한다.

② 채무증권을 이자지급일 사이에 취득한 경우에는 직전 소유자가 보유한 기간에 대한 경과이자는 미수수익으로 계상하고 채무증권의 취득원가에서 제외한다.

③ 유가증권은 매입가액에 부대비용을 더하고 종목별로 총평균법 등을 적용하여 산정한 가액을 취득원가로 한다.

④ 관리전환으로 취득하는 일반유형자산의 취득원가는 유상관리전환인 경우에는 관리전환 대상 자산의 공정가액으로, 무상관리전환인 경우에는 관리전환으로 자산을 제공하는 실체의 장부가액으로 한다.

⑤ 무형자산의 취득원가는 취득을 위하여 제공한 자산의 공정가액과 취득부대비용을 포함하며, 무형자산을 취득하는 기간 동안 발생한 금융비용을 취득부대비용에 포함시킬 수 있다.

25 다음은 국가회계실체가 실행한 융자프로그램에 대한 자료이다. 이에 대한 설명으로 옳지 않은 것은?

CPA 2022

- 20×1년도 말에 융자프로그램으로 총원금 ₩10,000의 융자금을 실행하였다.
- 동 융자금은 하나의 유사한 위험유형 군(Group)으로서 융자조건은 만기 5년, 원리금균등 상환방식이고 표면이자율은 연 4%이다. 이에 따라 매년 말 수령해야 할 융자금의 원리금은 ₩2,246이다.
- 융자금 실행시점에서 동 융자금에 대해 20×4년부터 20×6년까지 매년 말 ₩674의 채무 불이행이 발생할 것으로 추정된다.
- 융자금이 실행된 회계기간에 동 융자금과 유사한 만기를 가지는 국채의 평균이자율은 연 6%이며, 동 융자프로그램을 위해 직접적으로 조달된 재원은 없다.
- 적용할 현가계수는 아래의 표와 같으며, 모든 계산은 소수점 첫째 자리에서 반올림한다.

기간	단일금액 ₩1의 현재가치		정상연금 ₩1의 현재가치	
할인율	4%	6%	4%	6%
1년	0.9615	0.9434	0.9615	0.9434
2년	0.9246	0.8900	1.8861	1.8334
3년	0.8890	0.8396	2.7751	2.6730
4년	0.8548	0.7921	3.6299	3.4651
5년	0.8219	0.7473	4.4518	4.2124

① 융자보조원가충당금을 계산할 때 회수가능액의 현재가치는 융자금으로부터의 추정 순현금유입액을 유효이자율로 할인한 가액으로 한다.

② 20×1년 말 재정상태표상 융자보조원가충당금은 ₩2,142이다.

③ 융자보조원가충당금은 매년 재정상태표일을 기준으로 평가하며, 평가결과 추가로 발생하는 융자보조원가충당금은 당기 융자보조비용에 가산한다.

④ 융자보조원가충당금을 평가할 때에는 융자보조원가충당금을 최초로 인식할 때 적용한 유효이자율을 계속 적용한다.

⑤ 20×2년 말 재정상태표상 순융자금(회수가능액의 현재가치)은 ₩6,154이다.

26 「국가회계기준에 관한 규칙」과 「지방자치단체 회계기준에 관한 규칙」에 대한 다음 설명 중 옳지 않은 것은? CPA 2022

① 국가회계실체는 일반회계, 특별회계 및 기금으로서 중앙관서별로 구분된 것을 말하며, 지방자치단체의 유형별 회계실체는 일반회계, 기타특별회계, 기금회계 및 지방공기업특별회계로 구분한다.

② 국가의 유산자산과 지방자치단체의 관리책임자산은 재정상태표상 자산으로 인식하지 않고 필수보충정보로 공시한다.

③ 국가 재정상태표와 달리 지방자치단체 재정상태표에는 '주민편의시설'이라는 자산 분류가 존재한다.

④ 국가와 지방자치단체는 회계실체 사이에 발생하는 관리전환(물품 소관의 전환)이 무상거래일 경우에는 자산의 장부가액을 취득원가로 하고, 유상거래일 경우에는 자산의 공정가액을 취득원가로 한다.

⑤ 국가 재정상태표에서는 순자산을 기본순자산, 적립금 및 잉여금, 순자산조정으로 구분하며, 지방자치단체 재정상태표에서는 순자산을 고정순자산, 특정순자산 및 일반순자산으로 분류한다.

27 다음 중 「국가회계기준에 관한 규칙」 및 관련 지침에서 설명하는 충당부채에 대한 내용으로 옳지 않은 것은? CPA 2023

① 보증충당부채는 보증약정 등에 따른 피보증인인 주채무자의 채무불이행에 따라 국가회계실체가 부담하게 될 추정 순현금유출액의 현재가치로 평가한다.

② 연금충당부채란 연금추정지급액 중 재정상태표일 현재의 재직기간까지 귀속되는 금액을 평가시점의 현재가치로 산정한 것을 말한다.

③ 충당부채로 인식하는 금액은 현재의무의 이행에 소요되는 지출에 대한 재정상태표일 현재 시점에 의무를 직접 이행하거나 제3자에게 이전시키는 경우에 지급하여야 하는 금액이다.

④ 보험충당부채는 재정상태표일 이전에 보험사고가 발생하였으나 미지급된 보험금지급예상액과 재정상태표일 현재 보험사고가 발생하지는 않았으나 장래 발생할 보험사고를 대비하여 적립하는 지급예상액으로 구성된다.

⑤ 보험충당부채 평가 시 관련 법령에 의한 적립금과 준비금 산정방식이 보험금예상지급액 산정방식과 유사한 경우 그 적립금과 준비금, 미경과보험료적립금은 보험충당부채로 본다.

28 다음 중 「지방자치단체 회계기준에 관한 규칙」에 대한 설명으로 옳지 않은 것은? CPA 2023

① 순자산변동표상 순자산의 증가사항은 전기오류수정이익, 회계기준변경으로 생긴 누적이익을 말한다.
② 회계정책의 변경에 따른 영향은 비교표시되는 직전 회계연도의 기초순자산 및 그 밖의 대응금액을 새로운 회계정책이 처음부터 적용된 것처럼 조정한다.
③ 회계 간의 재산 이관이나 물품 소관의 전환으로 취득한 자산의 가액은 직전 회계실체의 장부가액을 취득원가로 한다.
④ 회계 간의 재산 이관, 기부채납 등으로 생긴 순자산의 증가는 수익에 포함하지 아니한다.
⑤ 비교환거래에 의한 비용은 직접적인 반대급부 없이 발생하는 보조금, 기부금 등으로서 가치의 이전에 대한 의무가 존재하고 그 금액을 합리적으로 측정할 수 있을 때에 인식한다.

29 다음 중 「지방자치단체 회계기준에 관한 규칙」에서 설명하는 재무제표 작성기준으로 옳지 않은 것은?
CPA 2023

① 유형별 회계실체 재무제표는 개별 회계실체의 재무제표를 합산하여 작성하며 유형별 회계실체 안에서의 내부거래는 상계하고 작성한다.
② 장기선수수익은 대가의 수익은 이루어졌으나 수익의 귀속시기가 차기 이후인 수익을 말하며, 기타비유동부채로 표시한다.
③ 비망계정은 어떤 경제활동의 발생을 기억하기 위해 기록하는 계정을 말하며, 자산 또는 부채로 표시할 수 있다.
④ 우발상황은 미래에 어떤 사건이 발생하거나 발생하지 아니함으로 인하여 궁극적으로 확정될 손실 또는 이익으로서 발생 여부가 불확실한 현재의 상태 또는 상황을 말하며, 재정상태표 보고일 현재 우발손실의 발생이 확실하고 그 손실금액을 합리적으로 추정할 수 있는 경우에는 재무제표에 반영하고 주석으로 표시한다.
⑤ 사회기반시설은 초기에 대규모 투자가 필요하고 파급효과가 장기간에 걸쳐 나타나는 지역사회의 기반적인 자산을 말하며, 사회기반시설에 대한 사용수익권은 해당 자산의 차감항목으로 표시한다.

30 중앙관서 A부처와 B부처는 20×1년 초에 각각 도로와 건물을 다음과 같은 조건으로 취득하였다. A부처는 도로를 수익형 민자사업(BTO: Build - Transfer - Operate) 방식으로 취득하였으며, B부처는 건물을 임대형 민자사업(BTL: Build - Transfer - Lease) 방식으로 취득하였다.

- 취득원가: ₩10,000
- 기대수익률: 연 5%
- 사용수익권 부여기간: 10년
- B부처는 연간시설임대료를 동일한 금액으로 지급하기로 한다.

해당 자산 취득 시 A부처의 자산 증가액과 B부처의 자산 증가액의 차이는 얼마인가? (단, ₩1의 정상연금 현가계수(5%, 10년)는 7.7217이다)   CPA 2023

① ₩0   ② ₩2,950   ③ ₩10,000
④ ₩12,950   ⑤ ₩20,000

31 국가회계예규 중 「금융자산과 금융부채 회계처리지침」에 대한 다음 설명 중 옳지 않은 것은?

CPA 2024

① 금융자산은 최초에 취득원가로 인식한다. 다만, 국가 외의 상대방과의 교환 또는 기부채납 등의 방법으로 자산을 취득하는 경우에는 취득 당시의 공정가액을 취득원가로 한다.
② 유가증권은 매입가액에 부대비용을 더하고 종목별로 총평균법 등을 적용하여 산정한 가액을 취득원가로 한다.
③ 장기연불조건의 거래, 장기금전대차거래 또는 이와 유사한 거래에서 발생하는 미수채권, 대여금 등으로서 장기미수국세, 전대차관대여금, 정부내예탁금은 명목가액과 현재가치의 차이가 중요한 경우에는 현재가치를 취득원가로 한다.
④ 국채는 부족한 세입을 보전하고 재정수요를 충당하기 위하여 국가가 발행하는 채권을 의미하며, 국채발행수수료 및 발행과 관련하여 직접 발생한 비용을 뺀 발행가액으로 평가한다.
⑤ 역사적원가로 측정하는 비화폐성 외화부채에 해당하는 금융부채는 해당 부채를 부담한 당시의 기준환율로 평가하며, 공정가액으로 측정하는 비화폐성 외화부채에 해당하는 금융부채는 공정가액이 측정된 날의 기준환율로 평가한다.

정답 및 해설

01 ② 당기근무원가, 이자원가 및 과거근무원가는 재정운영표에 프로그램총원가 또는 관리운영비로 인식하며, 보험수리적 손익은 순자산변동표에 조정항목으로 인식한다.

02 ② ① 지방자치단체가 사업과 관련하여 국가로부터 얻은 수익은 사업수익에 해당하며 재정운영표에 표시된다. 지방자치단체가 국가의 교부에 의해 조달한 수익은 정부간이전수익에 해당하며 재정운영표에 표시된다.
③ 고정순자산은 일반유형자산, 주민편의시설, 사회기반시설 및 무형자산의 투자액에서 그 시설의 투자재원을 마련할 목적으로 조달한 장기차입금 및 지방채증권 등을 뺀 금액으로 한다. 특정순자산은 채무상환목적이나 적립성기금의 원금과 같이 그 사용목적이 특정되어 있는 재원과 관련된 순자산을 말한다.
④ 원가는 회계실체가 사업의 목표를 달성하고 성과를 창출하기 위하여 직접적·간접적으로 투입한 경제적 자원의 가치를 말한다.
⑤ 사업순원가는 총원가에서 사업수익을 빼서 표시한다. 총원가는 사업을 수행하기 위하여 투입한 원가에서 다른 사업으로부터 배부받은 원가를 더하고, 다른 사업에 배부한 원가를 뺀 것을 말하며, 사업수익은 사업의 수행과정에서 발생하거나 사업과 관련하여 국가·지방자치단체 등으로부터 얻은 수익을 말한다.

03 ① 현재 세대와 미래 세대를 위하여 정부가 영구히 보존하여야 할 자산으로서 역사적, 자연적, 문화적, 교육적 및 예술적으로 중요한 가치를 갖는 자산(유산자산)은 자산으로 인식하지 아니하고 그 종류와 현황 등을 필수보충정보로 공시한다.

04 ① 국가 재무제표란 대한민국 정부 전체의 재정상태와 재정운영에 관한 정보가 제공되도록 중앙관서 재무제표를 통합하여 작성하는 재무제표를 말한다. 중앙관서 재무제표란 중앙관서 전체의 재정상태와 재정운영에 관한 정보가 제공되도록 소관에 속하는 국가회계실체의 재무제표를 통합하여 작성하는 재무제표를 말한다. 국가회계실체란 「국가재정법」 제4조에 따른 ⊙ 일반회계, ⓒ 특별회계 및 같은 법 제5조에 따른 ⓒ 기금으로서 중앙관서별로 구분된 것을 말한다.

05 ② 국가의 채무증권은 상각후취득원가로 평가하고 지분증권과 기타 장기투자증권 및 기타 단기투자증권은 취득원가로 평가한다. 다만, 투자목적의 장기투자증권 또는 단기투자증권인 경우에는 재정상태표일 현재 신뢰성 있게 공정가액을 측정할 수 있으면 그 공정가액으로 평가하며, 장부가액과 공정가액의 차이금액은 순자산변동표에 조정항목으로 표시한다. 지방자치단체의 장기투자증권은 매입가격에 부대비용을 더하고 이에 종목별로 총평균법을 적용하여 산정한 취득원가로 평가함을 원칙으로 한다.

06 ③ 보험수리적 손익은 순자산변동표에 조정항목으로 인식한다.

07 ⑤ 지방자치단체의 재정운영표상 비배분수익은 임시적·비경상적으로 발생한 수익 및 사업과 직접적 관련이 없어 사업수익에 합산하는 것이 합리적이지 아니한 수익을 말하며, 교환수익에 해당한다.

08 ② 일반유형자산은 공공서비스의 제공을 위하여 1년 이상 반복적 또는 계속적으로 사용되는 자산으로서 토지, 건물, 입목 등을 말한다. 주민편의시설은 주민의 편의를 위하여 1년 이상 반복적 또는 계속적으로 사용되는 자산으로서 도서관, 주차장, 공원, 박물관 및 미술관 등을 말한다.

09 ① 국가회계실체 사이에 발생하는 관리전환은 무상거래일 경우에는 자산의 장부가액을 취득원가로 하고, 유상거래일 경우에는 자산의 공정가액을 취득원가로 한다.

10 ④ ① 국가의 일반유형자산과 사회기반시설은 공정가액으로 재평가할 수 있다. 그러나 지방자치단체의 일반유형자산과 사회기반시설에 대하여 공정가액으로 재평가할 수 있다는 규정은 없다.

② 지방자치단체의 장기투자증권은 매입가격에 부대비용을 더하고 이에 종목별로 총평균법을 적용하여 산정한 취득원가로 평가함을 원칙으로 한다. 지방자치단체에는 장기투자증권에 대한 공정가액 평가에 대한 규정이 없다.

③ 국가와 지방자치단체의 화폐성 외화자산과 화폐성 외화부채는 재정상태표일(회계연도 종료일) 현재의 적절한 환율로 평가한 가액을 재정상태표 가액으로 한다.

⑤ 지방자치단체는 연금충당부채를 인식하지 않는다. 국가의 연금충당부채는 공무원연금 및 군인연금에 대하여 인식하며, 보험수리적 가정을 적용하여 측정한다.

11 ③ ① 「국고금 관리법 시행령」에 따른 출납정리기한 중에 발생하는 거래에 대한 회계처리는 해당 회계연도에 발생한 거래로 보아 처리한다.

② 자산은 유동자산, 투자자산, 일반유형자산, 사회기반시설, 무형자산 및 기타 비유동자산으로 구분하여 재정상태표에 표시한다.

④ 투자목적의 장기투자증권 또는 단기투자증권인 경우에는 재정상태표일 현재 신뢰성 있게 공정가액을 측정할 수 있으면 그 공정가액으로 평가하며, 장부가액과 공정가액의 차이금액은 순자산변동표에 조정항목으로 표시한다.

⑤ 필수보충정보는 재무제표에는 표시하지 아니하였으나, 재무제표의 내용을 보완하고 이해를 돕기 위하여 필수적으로 제공되어야 하는 정보를 말하며 수익·비용 성질별 재정운영표는 필수보충정보로 제공되어야 한다.

12 ① (1) 재정운영결과

기타의 기타이자비용	₩2,000
유산자산취득비	150,000
수선유지비	100,000
자산재평가손실환입	(200,000)
	₩52,000

(2) 순자산조정

투자증권평가이익	₩20,000
자산재평가이익	300,000
	₩320,000

- 기획재정부: 투자증권평가이익 ₩20,000 → 순자산변동표의 조정항목
- 문화체육관광부: 기타의 기타이자비용 ₩2,000 → 재정운영표의 비배분비용
- 문화재청: 유산자산취득비 ₩150,000 → 재정운영표의 프로그램총원가
- 국토교통부: 수선유지비 ₩100,000 → 재정운영표의 비배분비용
- 교육부: 자산재평가손실환입 ₩200,000 → 재정운영표의 비배분수익
  자산재평가이익 ₩300,000 → 순자산변동표의 조정항목

13 ② 고정순자산은 일반유형자산, 주민편의시설, 사회기반시설 및 무형자산의 투자액에서 그 시설의 투자재원을 마련할 목적으로 조달한 장기차입금 및 지방채증권 등을 뺀 금액으로 한다.

14 ③ ① 국가회계실체 사이에 발생하는 관리전환은 무상거래일 경우에는 자산의 장부가액을 취득원가로 하고, 유상거래일 경우에는 자산의 공정가액을 취득원가로 한다. 지방자치단체 회계 간의 재산 이관이나 물품 소관의 전환으로 취득한 자산의 가액은 직전 회계실체의 장부가액을 취득원가로 한다.

② 국가의 자산은 유동자산, 투자자산, 일반유형자산, 사회기반시설, 무형자산 및 기타 비유동자산으로 구분하여 재정상태표에 표시한다. 지방자치단체의 자산은 유동자산, 투자자산, 일반유형자산, 주민편의시설, 사회기반시설, 기타 비유동자산으로 분류하여 재정상태표에 표시하며, 무형자산은 기타 비유동자산에 포함된다.

④ 국가의 부채는 유동부채, 장기차입부채, 장기충당부채 및 기타 비유동부채로 구분하여 재정상태표에 표시하며, 장기충당부채는 지출시기 또는 지출금액이 불확실한 부채로서 퇴직급여충당부채, 연금충당부채, 보험충당부채 및 기타장기충당부채 등을 말한다. 지방자치단체의 부채는 유동부채, 장기차입부채 및 기타 비유동부채로 분류하며, 기타 비유동부채는 유동부채와 장기차입부채에 속하지 아니하는 부채로서 퇴직급여충당부채, 장기예수보증금, 장기선수수익 등을 말한다.

⑤ 국가는 일반유형자산과 사회기반시설에 대하여 재평가할 수 있다. 일반유형자산과 사회기반시설을 취득한 후 재평가할 때에는 공정가액으로 계상하여야 한다. 다만, 해당 자산의 공정가액에 대한 합리적인 증거가 없는 경우 등에는 재평가일 기준으로 재생산 또는 재취득하는 경우에 필요한 가격에서 경과연수에 따른 감가상각누계액 및 감액손실누계액을 뺀 가액으로 재평가하여 계상할 수 있다. 그러나 지방자치단체에는 일반유형자산과 사회기반시설에 대한 재평가 규정이 없다.

15 ⑤ 장기연불조건의 거래, 장기금전대차거래 또는 이와 유사한 거래에서 발생하는 채권·채무로서 명목가액과 현재가치의 차이가 중요한 경우에는 현재가치로 평가한다.

16 ③ 중앙관서 또는 기금의 재정운영표를 통합하여 작성하는 국가의 재정운영표는 내부거래를 제거하여 작성하되 재정운영순원가, 비교환수익 등 및 재정운영결과로 구분하여 표시하고, 재정운영순원가는 각 중앙관서별로 구분하여 표시한다.

17 ② 국가의 일반유형자산 및 사회기반시설에 대한 사용수익권은 해당 자산의 차감항목에 표시한다.

18 ④ 지방자치단체의 회계처리와 재무보고는 발생주의·복식부기 방식에 의하며, 예산회계와 재무회계의 차이에 대한 명세서는 필수보충정보로 제공한다.

19 ② 무형자산은 정액법에 따라 해당 자산을 사용할 수 있는 시점부터 합리적인 기간 동안 상각한다.

20 ② 비화폐성 외화자산과 비화폐성 외화부채에서 발생한 손익을 조정항목에 반영하는 경우에는 그 손익에 포함된 환율변동효과도 해당 조정항목에 반영하고, 재정운영순원가에 반영하는 경우에는 그 손익에 포함된 환율변동효과도 해당 재정운영순원가에 반영한다.

21 ① 장기연불조건의 매매거래, 장기금전대차거래 또는 이와 유사한 거래에서 발생하는 채권·채무로서 명목가액과 현재가치의 차이가 중요한 경우에는 이를 현재가치로 평가한다. 현재가치는 당해 채권·채무로 인하여 받거나 지급할 총금액을 적절한 이자율로 할인한 가액으로 하는데 당해 거래의 유효이자율을 적용한다. 다만, 당해 거래의 유효이자율을 확인하기 어려운 경우에는 유사한 조건의 국채수익률을 적용한다.

22 ⑤ 연금추정지급액이란 재정상태표일 현재의 연금가입자에게 근무용역에 대한 대가로, 장래 예상퇴직시점에 지급하여야 할 금액으로 예상퇴직시점의 장래 추정보수와 전체추정근무기간 등 보험수리적 가정을 반영하여 산정한 것을 말한다.

연금추정지급액 중 재정상태표일 현재의 재직기간까지 귀속되는 금액을 평가시점의 현재가치로 산정한 연금충당부채를 인식한다.

23 ② 화폐성 외화자산과 화폐성 외화부채의 평가에 따라 발생하는 환율변동효과는 외화평가손실 또는 외화평가이익의 과목으로 하여 재정운영순원가에 반영한다.

24 ⑤ 무형자산의 취득원가는 취득을 위하여 제공한 자산의 공정가액과 취득부대비용을 포함한다. 다만, 무형자산을 취득하는 기간 동안 발생한 금융비용은 당기 이자비용으로 인식한다.

25 ⑤

20×1년 말	20×2년 말	20×3년 말	20×4년 말	20×5년 말	20×6년 말
	₩2,246	₩2,246	₩1,572	₩1,572	₩1,572*

* 20×4년 말, 20×5년 말, 20×6년 말 회수가능액: ₩2,246 − ₩674 = ₩1,572
* 20×1년 말 회수가능액의 현재가치:
  0.9434 × ₩2,246 + 0.8900 × ₩2,246 + 0.8396 × ₩1,572 + 0.7921 × ₩1,572 + 0.7473 × ₩1,572
  = ₩7,858
* 20×1년 말 융자보조원가충당금: ₩10,000 − ₩7,858 = ₩2,142
* 20×2년 말 회수가능액의 현재가치:
  0.9434 × ₩2,246 + 0.8900 × ₩1,572 + 0.8396 × ₩1,572 + 0.7921 × ₩1,572 = ₩6,083

26 ④ 국가회계실체 사이에 발생하는 관리전환이 무상거래일 경우에는 자산의 장부가액을 취득원가로 하고, 유상거래일 경우에는 자산의 공정가액을 취득원가로 한다. 그러나, 지방자치단체에서 회계 간의 재산 이관이나 물품 소관의 전환으로 취득한 자산의 가액은 유상거래와 무상거래를 구분하지 않고 직전 회계실체의 장부가액으로 한다.

27 ⑤ 관련 법령에 의한 적립금과 준비금 산정방식이 보험충당부채의 보험금예상지급액 산정방식과 유사한 경우 그 적립금과 준비금을 "보험충당부채"로 본다. 다만, 미경과보험료적립금(기말시점에 모든 유효한 보험계약의 총보험료 중에서 당기 말 현재 보험기간이 경과하지 않은 보험료 상당액)은 "보험충당부채"가 아닌 "기타부채"로 표시한다.

28 ① 전기오류수정손익, 회계변경누적효과는 순자산변동표상 기초순자산에 반영된다. 순자산변동표상 순자산의 증가사항은 회계 간의 재산이관, 물품 소관의 전환, 양여·기부 등으로 생긴 자산 증가를 말한다.

29 ③ 비망계정은 어떤 경제활동의 발생을 기억하기 위해 기록하는 계정을 말하며, 재정상태표의 자산 또는 부채항목으로 표시하지 않는다.

30 ③ 자산 취득 시 A부처의 자산 증가액과 B부처의 자산 증가액의 차이를 물어보는 문제이다.

    (1) A부처(수익형 민자사업 BTO)

        BTO 방식으로 자산을 취득하는 경우에는 취득 당시의 공정가액을 취득원가로 한다. 민간투자비 총액에 부대비용을 더한 금액을 공정가액으로 볼 수 있다. 민간사업자에게 부여된 관리운영권은 자산을 취득하는 때에 해당 자산의 차감항목인 "사용수익권"으로 인식한다. 해당 자산에 대한 사용수익권은 수증자가 무형자산으로 인식하는 사용수익권과 동일하게 평가한다.

        → A부처의 자산 증가액: 도로의 취득원가 – 사용수익권

    (2) B부처(임대형 민자사업 BTL)

        BTL 방식으로 자산을 취득하는 경우 민간투자비를 자산의 취득원가로 계상하고 임대료지급액의 명목가액을 "BTL임대료미지급금"으로 계상한다.

        → B부처의 자산 증가액: 건물의 취득원가

    (3) 풀이: 주어진 자료에서 도로와 건물의 취득원가는 ₩10,000으로 동일하기 때문에 자산 증가액은 사용수익권 금액만큼 차이가 발생한다. 사용수익권은 수증자가 무형자산으로 인식하는 사용수익권과 동일하게 평가하는데, 주어진 자료에서는 사용수익권의 평가금액이 얼마인지 제시되어 있지 않다. 일반적으로 BTO 방식의 경우 자산의 취득원가(공정가치)와 사용수익권의 평가금액이 일치하게 설계하기 때문에 사용수익권의 평가금액이 얼마인지 제시된 자료 없는 상태에서는 사용수익권의 가치를 ₩10,000으로 추정할 수밖에 없다. 사용수익권의 가치를 ₩10,000으로 추정할 경우 A부처의 자산 증가액과 B부처의 자산 증가액의 차이는 ₩10,000이 된다.

31 ③ 장기연불조건의 거래, 장기금전대차거래 또는 이와 유사한 거래에서 발생하는 미수채권, 대여금 등으로서 명목가액과 현재가치의 차이가 중요한 경우에는 현재가치를 취득원가로 한다. 다만, 미수채권 중 "장기미수국세", 대여금 중 "전대차관대여금", "정부내예탁금"은 현재가치로 평가하지 아니한다.

해커스
김영훈
정부회계

개정 3판 1쇄 발행 2024년 4월 26일

지은이	김영훈
펴낸곳	해커스패스
펴낸이	해커스 경영아카데미 출판팀

주소	서울특별시 강남구 강남대로 428 해커스 경영아카데미
고객센터	02-537-5000
교재 관련 문의	publishing@hackers.com
학원 강의 및 동영상강의	cpa.Hackers.com

ISBN	979-11-7244-012-1 (13320)
Serial Number	03-01-01

회계사 1위,
해커스 경영아카데미 cpa.Hackers.com

해커스 경영아카데미

- 김영훈 교수님의 **본 교재 인강**(교재 내 할인쿠폰 수록)
- **공인회계사 기출문제, 시험정보/뉴스** 등 추가학습 콘텐츠
- 선배들의 성공 비법을 확인하는 **시험 합격후기**

주간동아 선정 2023 한국브랜드만족지수 교육(온·오프라인) 회계사 부문 1위

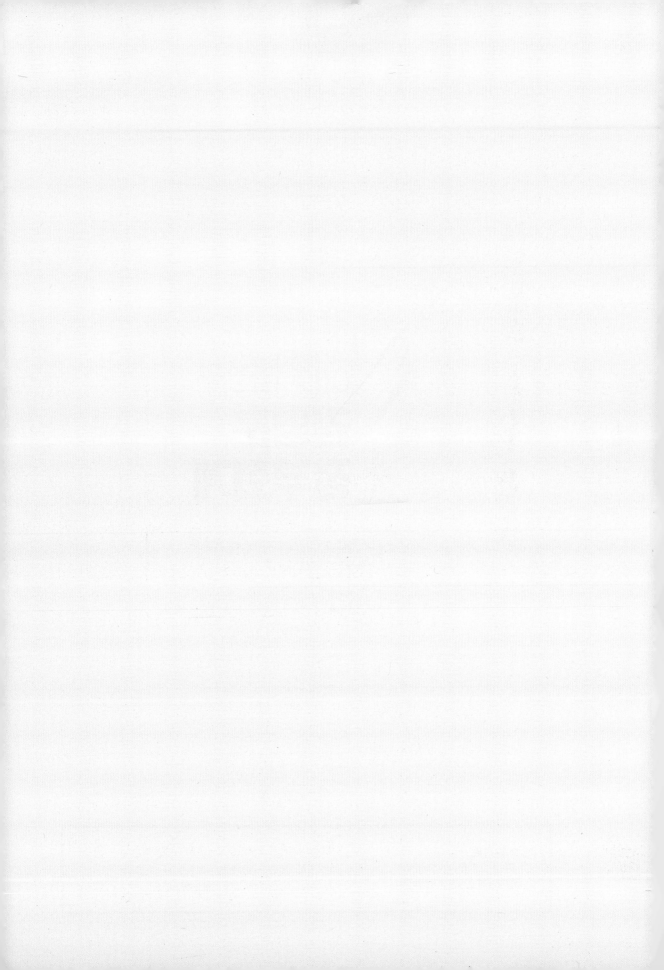